I0816892

LOS 5 ACUERDOS DE LA PAREJA

NILDA CHIARAVIGLIO

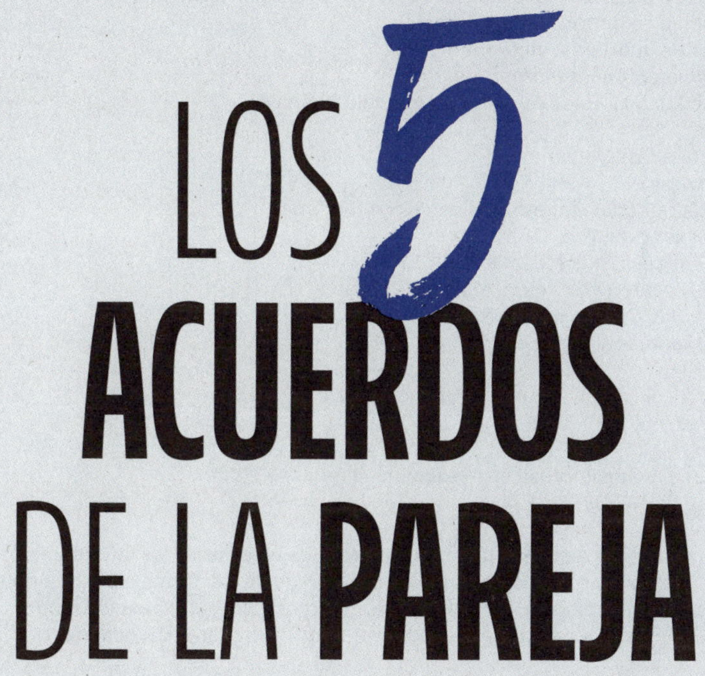

Una relación plena es mucho más que amor

DIANA

Diseño de portada: Planeta Arte & Diseño / Lisset Chavarria Jurado
Fotografía de portada: © Oldemar
Diseño de interiores: Víctor Santacruz
Ilustraciones de interiores: Oldemar
Coordinación y cuidado editorial: Marcela Riomalo

Bajo el sello editorial DIANA M.R.
Avenida Presidente Masarik núm. 111,
Piso 2, Polanco V Sección, Miguel Hidalgo
C.P. 11560, Ciudad de México
www.planetadelibros.com.mx

Primera edición en formato epub: noviembre de 2025
ISBN: 978-607-39-3606-4

Primera edición impresa en México: noviembre de 2025
ISBN: 978-607-39-3141-0

Impreso en los talleres de Litográfica Ingramex, S.A. de C.V.
Centeno núm. 162-1, colonia Granjas Esmeralda, Ciudad de México
Impreso y hecho en México - *Printed and made in Mexico*

ÍNDICE

INTRODUCCIÓN

LO MÍO, LO TUYO Y LO NUESTRO

Existe una idea poco popular, pero muy cierta: que el amor no es suficiente para que una relación sea plena y duradera. Y es que cuando nos enamoramos todo parece fluir de maravilla, sentimos una conexión intensa, parece que estamos de acuerdo en todo lo importante y creemos haber encontrado a la persona perfecta. Esto es así hasta que empezamos a conocernos, y nos damos cuenta de que, por muy compatibles que seamos, existen muchas diferencias entre nosotros. Entonces, surgen los conflictos. No precisamente porque el amor se haya ido, solo que lo habitual es que no estemos preparados para tener conversaciones honestas y llegar a acuerdos con los que esas diferencias puedan coexistir. Más bien, le exigimos al otro que nos dé lo que no tiene o, peor aún, lo que nosotros mismos no nos sabemos dar. Creemos que debe dárnoslo por el simple hecho de que nos ama y, entonces, caemos en el más cruel de los errores: pedirle al otro que cambie por nosotros, que ceda, que se amolde... en otras palabras, que deje de ser él para ser nuestra pareja.

Esto se agrava si el otro hace lo mismo con nosotros. Lo que termina sucediendo en ese caso es que ambos se vacían poco a poco de sí mismos, se desdibujan para convertirse en algo que tiene un título muy específico: «novia», «novio», «esposa», «esposo». Con el tiempo, se convierten en un hueco que no tiene nada que ofrecer y, entonces, esperan que su pareja los llene. Pero vacío con vacío nunca logran llenar nada. Y es cuando aparecen los conflictos, empiezan las peleas «por cualquier cosa», los resentimientos y los tropiezos una y otra vez con la misma piedra.

Estas cuestiones las he visto a diario en mis más de veinte años de experiencia como psicoterapeuta clínica de pareja. Por eso encuentro tan importante hacer un cambio de paradigma: que dejemos de ver a la pareja (la persona con la cual decidimos compartir la vida) como alguien que debe completarnos, satisfacernos y hacernos felices, y empecemos a entenderla como una persona libre y autónoma con quien decidimos compartir la vida y expandir lo que somos. Esto, desde luego, implica aceptar al otro tal y como es; honrar las diferencias sin buscar anularlas, explorando la manera en que puedan coexistir sin dañar el vínculo y, más bien, enriqueciéndolo.

Si a mí me gusta patinar, por ejemplo, y a mi pareja le gusta el golf, ¿por qué tendríamos que discutir por cuál de los dos deportes hacer el fin de semana? Mejor, que cada uno haga lo que desea y, al terminar, vernos para comer juntos. **Esto es lo que llamamos *acuerdo*, una resolución donde ambos ganan y el vínculo permanece sólido. Suena fácil, y lo es, si practicamos la flexibilidad y entendemos que el otro es libre de hacer lo que le dé la gana, al igual que lo somos nosotros.**

Un regalo de amor

La capacidad de llegar a acuerdos sobre cualquier tema, sencillo o complejo, es sin duda una de las habilidades más valiosas que una pareja puede desarrollar para tener una relación plena. **El amar, la buena plática y coger rico son insuficientes para tener una buena relación. Todo eso se deteriora cuando no nos hacemos responsables de cultivar el vínculo con conciencia e intención.** Por eso digo que el amor no existe;

lo que existe es el amar. Porque se trata de un proceso, una elección diaria; una conducta que genera consecuencias y resultados, y, por lo tanto, cada quien es responsable de su bienestar y está encargado de cultivarse a sí mismo de tal modo que, al reunirse con la pareja, tenga algo que aportar. Así, tenemos, por un lado, «lo mío»; por el otro, «lo tuyo», pero hay una perspectiva más: «lo nuestro». Esto último es un espacio donde los dos llegan completos a compartir y disfrutar juntos, no por carencia o necesidad. Y es en el espacio de «lo nuestro» donde surgen los acuerdos.

Un *acuerdo* es una resolución satisfactoria para ambas partes a la que se llega en pareja a través del diálogo y la reflexión. Se hace de forma explícita, en tiempo presente y está sujeto a revisión.

Déjame desglosarlo:

Una resolución satisfactoria para ambas partes

- Es un acuerdo, no una negociación, como muchos piensan o tratan los temas de pareja. ¿Por qué no lo es? Porque una negociación tiene un fin comercial, en el que cada parte trata de perder lo menos y de ganar lo más que se pueda. Esto no tiene nada que ver con un acuerdo, donde lo que se busca es que ambas personas ganen y queden satisfechas, pues de este modo les será grato y fácil cumplir con lo acordado.

Cuando vemos los acuerdos como negociaciones, el amor se transforma en mera transacción, en un «yo te doy esto, pero tú me debes esto otro». Las negociaciones son un juego muy frágil en el que todo depende de lo que podamos adquirir, así lo expansivo y nutritivo del amor desaparece. En cambio, en un acuerdo hay un diálogo abierto donde, lejos de imponer nuestras ideas sobre un asunto particular, se busca escuchar al otro y entender su perspectiva para encontrar una solución que beneficie a ambos.

- **A través del diálogo y la reflexión**

Para explicar esto, te comparto una anécdota que me ocurrió en una conferencia presencial, en la que una señora tomó el micrófono y me dijo:

—Nilda, mi marido no cumple los acuerdos que hacemos.

Le pregunté qué acuerdo habían hecho y ella respondió:

—Quedamos en que no debía llegar después de las diez de la noche.

Le pregunté qué había respondido su esposo al respecto.

—«Ajá», él me dijo que «ajá».

—Bueno —le dije—, ese no es un acuerdo, es más una imposición. Entonces ¿no lo cumplió?

—No, nunca lo cumple.

—Es normal... tú le *impusiste* que llegara antes de la diez de la noche. No te interesó preguntarle cuál era una buena hora de llegada para él. No lo acordaste ni lo dialogaron. Impusiste lo que tú creías que merecías. Entonces, claro, él no cumplió, porque en realidad nunca hubo un acuerdo.

—Pero, Nilda, ¿y qué tal si le pregunto y su respuesta es que él quiere llegar a las dos de la mañana?

—Entonces le preguntas por qué: «Cariño, ¿por qué las dos de la mañana te parece una buena hora de llegada?». Quizá te responda que así siente que tiene la libertad de ser él mismo. Y así inicias un diálogo donde cada quien expone sus razones y se pueden llegar a acuerdos. Por ejemplo, que x días llegue a las diez y que otros x días llegue a las dos.

¿Lo ves? Lo importante a la hora de abrir el diálogo para llegar a un acuerdo es hacer dos preguntas: «¿por qué?» y «¿para qué?». La primera tiene que ver con la razón detrás del punto de vista de cada quien; y la segunda, con los objetivos, lo que se busca alcanzar con el acuerdo.

Aunque para muchas personas puede parecer complicado o incómodo, abrir el diálogo es tan sencillo como poner la cuestión sobre la mesa y decir:

—Mira, me gustaría conversar sobre este asunto que está llamando mi atención, saber qué piensas tú al respecto y contarte cómo lo veo yo.

Es un proceso cíclico de exponer, reflexionar, dialogar y plantear posibles soluciones en conjunto con las que ambos estén satisfechos.

Para abrir el diálogo, hay dos requisitos clave: la curiosidad, que permite escuchar sin juicio, y la empatía. Más adelante te comparto el recurso ECAR, que nos ayuda a despertar y practicar ambas características (ver página 43).

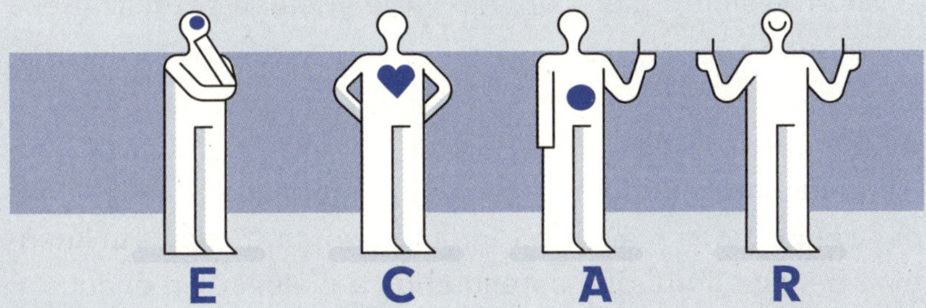

• Se hace de forma explícita

Para que pueda existir un acuerdo, cada persona debe exponer de forma clara, honesta y sin rodeos cuáles son sus deseos, preocupaciones y elecciones, es decir, su calidad de vida. Si asumimos que el otro sabe lo que estamos pensando o que estamos alineados en cuanto a un tema u otro tan solo porque nos queremos, puedo garantizarte que eso no va a acabar bien. Lo implícito genera dudas, confusión y es terreno fértil para las suposiciones y los abusos. Lo explícito, en cambio, nos da una base sólida sobre la cual construir. En síntesis, los acuerdos explícitos evitan traiciones implícitas.

- **En tiempo presente y está sujeto a revisión**

Los seres humanos no *somos*; *vamos siendo*. Estamos en permanente evolución. Ni tú ni yo somos los mismos de hace cinco años, ni siquiera de hace uno o de ayer. Y si las personas estamos en permanente cambio y los vínculos están conformados por personas, adivina qué: la relación de pareja también está en evolución permanente. Por eso, es saludable que los acuerdos se revisen, se refuercen o se cancelen cuando comiencen a ser incómodos o limiten el desarrollo de uno de los dos. Es decir, lo que funcionaba antes, no tiene por qué funcionar hoy y, por eso, un acuerdo tiene que construirse con lo que esté ocurriendo en el presente. Esa conversación puede iniciarse con algo tan sencillo como:

—Cariño, sé que en el pasado acordamos x, pero ya no me siento bien con ello y me gustaría actualizar ese acuerdo.

Un acuerdo es un profundo regalo de amor; significa encontrar un espacio común donde aceptamos al otro tal y como es, y el otro nos acepta tal y como somos. Y esa es la intención de este libro: que aprendamos a dialogar y a encontrar puntos de convergencia donde ambas partes se sientan libres y reconocidas.

> **Cuando las relaciones son poco recíprocas, se van convirtiendo en oportunistas y esto genera abuso.**

Está dividido en cinco capítulos; uno por cada tema de los que, en mi experiencia, generan más conflictos entre las parejas: tipo de vínculo, comunicación, sexualidad, familia y dinero. En cada sección incluí múltiples recursos, ejercicios y preguntas reflexivas para que puedan pasar con facilidad de la teoría a la práctica.

Ya sea que lo leas individualmente o en pareja, espero que en este libro encuentres inspiración, motivación y caminos para llegar a acuerdos sin problemas y construir una relación amoroso-erótica, libre, saludable y plena para los dos.

NILDA

CAPÍTULO 1

DOS SOLTEROS QUE SE ACOMPAÑAN

(TIPO DE VÍNCULO Y COMPROMISO)

Cuando empezamos a salir con alguien, es común dar por sentado que ambas partes aspiramos al mismo tipo de vínculo y estamos dispuestas a comprometernos al mismo nivel. Por lo regular, llegamos al encuentro amoroso con un modelo preconcebido de lo que es una relación de pareja y lo volcamos sobre la otra persona sin detenernos a preguntarle qué quiere o, peor aún, qué planeamos nosotros obtener de esa relación. Esto ocurre porque hemos heredado de nuestra cultura un concepto de amor romántico que se basa en la sensación del enamoramiento y en la creencia de que el otro está para hacernos felices y satisfacer nuestras necesidades. Esto genera mucha confusión y es el verdadero talón de Aquiles de las relaciones, pues, **en realidad, la pareja no está para completarnos ni satisfacernos, sino para expandir lo que ya somos y compartir la vida con libertad y gozo.**

Más que estar juntos, lo importante es cómo, por qué y para qué lo estamos.

El modelo de amor romántico que hemos aprendido en canciones, películas y libros durante décadas presenta muchísimos problemas. Para mí, lo más crítico es, quizá, que nos obliga a comportarnos según las expectativas ajenas y anula nuestra libertad para ser nosotros mismos. Las formas en que consigue esto son sutiles, pero profundamente violentas, y se sustentan en cuatro paradigmas fundamentales: la jerarquía, la confrontación, la competencia y la exclusión.

1. ***Jerarquía.*** Esta es una dinámica en la que, en lugar de relacionarnos de igual a igual, de ser humano a ser humano, hay una persona que domina y otra que se somete. Esta es una forma de violencia: la persona sometida deja de ser ella misma y de velar por sus intereses para obedecer las órdenes de otra autoritaria.

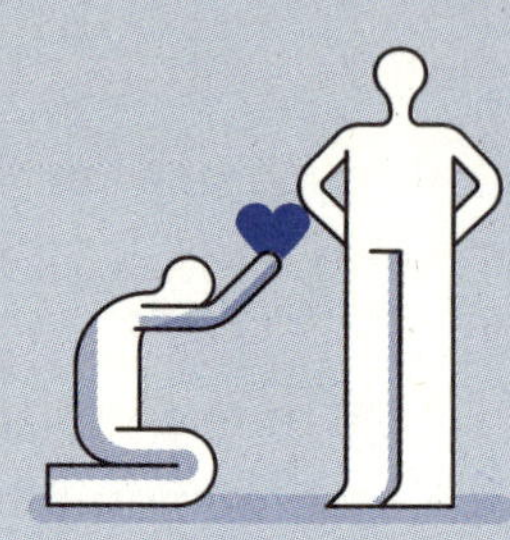

2. ***Confrontación.*** En nuestra cultura, estamos acostumbrados a pelear y a discutir con el único objetivo de demostrar que tenemos la razón, cuando en realidad tal cosa no existe, porque no hay una única verdad, lo que existe son distintos puntos de vista sobre lo mismo.

3. ***Competencia.*** A menudo, en nuestra cultura esta cualidad se ve como una virtud, y lo es cuando competimos con nosotros mismos para ser mejores personas. Sin embargo, en la relación de pareja, la competencia destruye el vínculo, pues dejamos de vernos como iguales y pasamos a compararnos con el otro: «yo tengo más», «ella hace menos», «yo doy más», etcétera.

4 ***Exclusión.*** Las amenazas y los ultimátums del tipo «esta es la última vez que...», «si lo vuelves a hacer...» o «la próxima vez que ocurra...» dañan el vínculo y hacen que una de las partes quede excluida. Una relación que está bajo permanente amenaza de separación se va debilitando y destruyendo.

Estos paradigmas están arraigados en nuestra cultura y se filtran de modo inconsciente en la forma en que amamos y pedimos ser amados. Como resultado, la relación se desgasta y, eventualmente, se rompe. El primer paso para construir relaciones plenas y duraderas es, entonces, abandonar por completo el modelo de amor romántico y reemplazarlo por uno nuevo en el que entendamos que, lejos de estar juntos para ya no estar solos o cumplir con los mandatos culturales, estamos juntos para estar más vivos, crecer, gozar y construir con libertad. **No existen las relaciones de pareja felices, lo que hay son personas felices que construyen relaciones felices.**

Amontonados vs. elegidos

Al hacernos conscientes de la violencia que hay en el modelo de amor romántico, empezamos a comprender que **el amor no es un fin en sí mismo, sino una elección cotidiana; un proyecto vivo que, como tal, está en constante transformación y puede terminar en cualquier momento.** Las generaciones pasadas pensaban que todo lo longevo era valioso, y por eso todo se hacía para que durara: las camisas, los relojes, los muebles... La calidad de las cosas se medía en términos de duración. Y ese parámetro incluso se aplicaba a las parejas: las buenas relaciones eran las que duraban 25 o incluso 50 años.

Pero, así como se festejaban las bodas de plata u oro, también era común escuchar comentarios como:

—¡Uf, lo que habrán tenido que aguantar esos dos! Pero, bueno, lo lograron. ¡Felicidades!

Sin importar lo que hubiera que soportar, la relación tenía que durar; ese era el mérito, lo que había que conseguir a toda costa, incluso en contra de uno mismo. Por eso digo que hay muchas personas infelices gracias a los matrimonios largos.

No me lo tomes a mal; a mí me parece estupendo que los vínculos duren, pero solo si es resultado de una elección diaria y sostenida en el tiempo; no por inercia, mandato, dependencia, costumbre u obligación. Esto último, para mí, no es estar juntos, sino estar *amontonados*, que es lo que les ocurre a esas parejas que ya ni saben por qué siguen en la relación, pero siguen. Esta es una forma de vincularse basada en la fusión, en la repetición de los patrones culturales o familiares, a menudo, incluso, en la idea de que estar comprometido es aguantar. Es como si se percibiera al otro como una obligación o una carga, como todo, menos una elección. Estar juntos por elección, en cambio, implica decidir quedarse y cultivar el vínculo desde la conciencia y la libertad.

Ahora bien, haber elegido al otro ayer y elegirlo hoy tampoco significa que se elegirá mañana. Elegir al otro todos los días también incluye la posibilidad de que dejemos de hacerlo. Por ejemplo, si un día mi pareja me planteara irme a vivir a una isla perdida en el Pacífico porque es su sueño, yo le preguntaría:

—¿En esa isla hay internet? Hoy en día, mi trabajo me exige estar conectada a la red y yo amo mi trabajo. Así que, si esa posibilidad deja de estar en la nueva vida que me propones, lo siento, pero, aunque te quiera mucho, no te puedo seguir eligiendo.

Por eso, elegir también puede significar soltar en un momento dado, como un acto de profundo respeto hacia uno mismo y hacia el otro.

ASPECTO	AMONTONADOS	ELEGIDOS
Motivación	Miedo, rutina, deber	Deseo, conciencia, libertad
Comunicación	Escasa, evasiva o reactiva	Abierta, adulta, constante
Compromiso	Automático, sin revisión	Renovado, reflexionado
Espacio individual	Invadido o inexistente	Respetado y valorado
Crecimiento	Estancado	Estimulante
Sentido del vínculo	Confuso o perdido	Claro y conversado

Si elegimos una pareja que nos inspira, nos nutre y nos motiva a ser mejores personas cada día, maravilloso. Tal vez la elegiremos una y otra vez, y entonces la relación será duradera, no sería por obligación, sino como resultado de la elección mutua. Por eso, insisto en que **la pareja ni se busca ni se encuentra, sino que se construye *en* el tiempo y *con* el tiempo, preguntándonos cada día: «Esta relación ¿me nutre, me inspira y me motiva?».** Si la respuesta es «sí», es probable que decidamos quedarnos otro día más.

Lo que nutre, inspira y motiva es diferente para cada persona y para cada pareja. Sin embargo, hay cuatro características generales que he observado en todas las relaciones sanas y plenas que conozco. Te las comparto a continuación.

CARACTERÍSTICAS DE UNA BUENA RELACIÓN DE PAREJA

1 Se acompaña sin anularse

Estar juntos es distinto a la fusión y la dependencia. Significa acompañar los procesos individuales desde el respeto, la presencia y la ternura, sin interferir en la autonomía del otro.

2 Crea un espacio nutritivo y consciente

El vínculo es una tercera entidad (tú, yo y el vínculo), y nuestra tarea es nutrir ese espacio con cuidado emocional, acuerdos explícitos, erotismo, libertad y honestidad. Más allá de «ser uno», el objetivo es que cada quien pueda ser él mismo con mayor plenitud dentro del «ser dos».

3 Sostiene un proyecto compartido, con raíces y movimiento

La pareja es un proyecto vivo: para sostenerse necesita dirección, revisión y renovación. La meta es crear algo que tenga sentido para ambos (un hogar, un viaje, una forma de vida, un lenguaje propio), además de compartir techo o apellido.

4 Ejerce el amor adulto y libre

Estar juntos es una elección diaria de amar sin posesión, sin exigencias mágicas y sin contratos caducos. Es practicar el amar como un acto de conciencia y no de necesidad.

Cómo podemos elegirnos mejor hoy

1. Reflexionen y respondan por separado estas preguntas:

   - ¿Qué partes de nuestra relación se sienten *amontonadas?*
   - ¿Qué partes de nuestra relación elijo todos los días?
   - ¿Qué necesitaríamos para volver a elegirnos de manera real?

2. Completen estas frases individualmente:

   - Para mí, elegirte cada día significa...
   - Me resulta difícil elegirte cuando...
   - Me es más fácil elegirte cuando tú...
   - Hoy sé que para volver a elegirte necesito...

3. Compartan lo escrito, sin interrumpirse. Escuchen con la intención de comprender el lenguaje del otro, sin intentar defenderse.

4. Elijan una pequeña acción que cada uno hará para mostrar la elección cotidiana.

Cada quien a lo suyo

Suena redundante, pero lo diré de todos modos, porque a veces se nos olvida: una relación adulta, consciente y amorosa es incapaz de existir si alguna de las partes de la pareja deja de trabajar en ser adulto, consciente y amoroso consigo mismo. Por eso, es fundamental que cada uno esté trabajando en tres aspectos del desarrollo personal: ser adulto, conocerse y amarse a sí mismo.

1. **Ser adulto** significa dejar de ser hijo; esto es, dejar de esperar que otro se encargue de cuidarnos, proveernos, protegernos y satisfacer nuestras necesidades, y hacernos cien por ciento responsables de nuestro bienestar. La mayoría de las parejas están construidas por adultos que siguen siendo niños y exigen al otro lo que de niños les exigían a papá y mamá: «quiero», «dame», «mírame»... Todas esas son actitudes infantiles que nos impiden construir relaciones maduras y equilibradas. Cuando somos adultos, entendemos que nuestra felicidad no depende de lo que nuestra pareja haga o deje de hacer, y dejamos de pedirle que satisfaga nuestras necesidades, ya sean afectivas o materiales. Solo cuando dejamos de ser hijos y soltamos la creencia de que la pareja está para salvarnos y hacernos felices, podemos cultivar un vínculo afectivo que nos nutre, inspira y motiva a seguir construyendo en pareja.

2. **Conocerse a uno mismo** es un proceso continuo, no lineal y para toda la vida. Como siempre digo: «No somos, vamos siendo». Los seres humanos estamos en constante transformación y por eso es importante mantener la curiosidad por nosotros mismos.

Conocernos implica, entre otras cosas:

a) Hacernos conscientes de nuestras heridas de infancia, sanarlas y resignificarlas para dejar de relacionarnos con nuestra pareja desde los dolores pasados.
b) Saber qué tenemos para ofrecer en una relación de pareja y qué nos gusta recibir.
c) Tener claro cuáles son nuestros valores, intereses y deseos.

d) Saber cuáles son nuestras líneas rojas, cuál es la calidad de vida a la que aspiramos y cuáles son nuestros proyectos personales.

Cuando una pareja está compuesta por dos personas que se conocen a sí mismas, la posibilidad de tener un vínculo maduro y satisfactorio es mucho mayor. El autoconocimiento nos permite identificar con mucha rapidez dónde somos compatibles y dónde no. Porque si, por ejemplo, nos damos cuenta de que nuestra pareja es celosa o se lleva mal con su familia, y esos son aspectos fundamentales para nosotros, es más fácil decir: «No, gracias. *Bye*».

3. **Amarse a uno mismo** es la base de toda buena relación de pareja. El amor propio nos permite reconocer lo que nos gusta de nosotros mismos y seguir cultivándolo. Quiero hacer una diferenciación entre los conceptos de *amor propio*, *autoconcepto*, *autoestima*, *autoconfianza* y *autoconocimiento*, y para ello utilizo la imagen de un árbol: las raíces son el amor propio, el tronco es el autoconcepto y la autoconfianza (que se cultiva poniéndonos límites y reconociendo los logros) y la copa es la autoestima, la cual se va creando con la conciencia de todo lo anterior. ¿Qué tan frondosa es esa copa? Depende de qué tan profundas sean las raíces del amor propio y de lo sólido que sea el tronco. Mientras más frondosa sea la copa del árbol de quienes conforman una pareja, mayor probabilidad tienen de construir una relación de pareja plena y quererse bonito.

Nota que anteriormente dije que es importante que ambas partes de la pareja «estén trabajando» en vez de «hayan trabajado» en estos aspectos. Esto es porque las tres cosas ocurren en un presente continuo y el desarrollo personal nunca termina. Es decir, el estar en una buena relación no implica que el trabajo esté terminado, sino que ambas partes estén haciendo la parte que les corresponde. Entonces, el «yo» y el «tú» pueden unirse en un «nosotros» equilibrado y compuesto por dos personas libres.

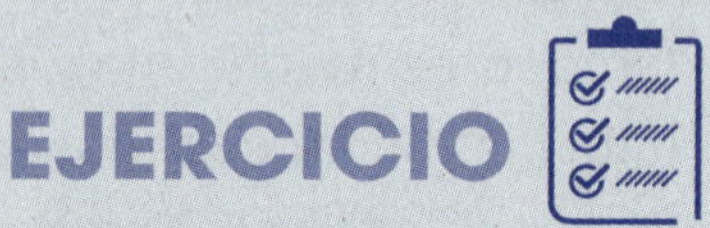

Mapa del «nosotros»

1. Cada quien dibuje tres círculos con estos títulos: YO / TÚ / EL VÍNCULO.
2. En el círculo «YO», escriban lo que individualmente aportan al vínculo hoy.
3. En el círculo «TÚ», escriban lo que reciben del otro y cómo lo perciben.
4. En el círculo «EL VÍNCULO», escriban lo que están construyendo juntos (proyecto, ritmo, energía, lenguaje).
5. Observen: ¿hay equilibrio entre los tres círculos? ¿Qué está faltando o sobrando?
6. Pongan los mapas de cada uno en común y reflexionen al respecto.

Ningún amor sobrevive a la incompatibilidad

Para llegar a acuerdos en el ámbito del compromiso y el tipo de vínculo, es esencial que haya compatibilidad en tres aspectos fundamentales: valores, intereses y deseos.

- **Valores:** Son los principios que guían tu vida, aquello que consideras fundamental. Ejemplos: la honestidad, la libertad, el cuidado, el aprendizaje.

- **Intereses:** Son aquellas actividades o esos temas que capturan tu atención y te nutren intelectual, material y emocionalmente. Ejemplos: el arte, los animales, la política, el patrimonio y la espiritualidad.

- **Deseos:** Son las experiencias o situaciones que anhelas vivir. Pueden ser emocionales, corporales, sexuales o existenciales. Ejemplos: sentir plenitud, viajar, compartir tu vida con alguien, tener hijos, crear algo propio.

A menudo pensamos que somos compatibles con una pareja tan solo porque, en la fase del enamoramiento, parece que todo es perfecto y tendemos a obviar diferencias fundamentales que más adelante nos impiden llegar a acuerdos. Por ejemplo, si una de las dos personas quiere alfabetizar en la selva chiapaneca y la otra quiere ser modelo de revista, es muy probable que resulte difícil que esa pareja se acompañe en el camino. O si, por ejemplo, para una de las dos personas la infidelidad es darle *like* a alguien en Instagram, mientras que para la otra se da solo si se llegó al coito, ahí también va a haber problemas imposibles de reconciliar.

Lo mismo ocurre en cuanto a la forma de amar. Como dije antes, el amor no existe, lo que existe es el amar, como verbo. Eso quiere decir que hay acciones determinadas que uno hace cuando dice amar a una persona y otras que nos gusta que hagan por nosotros cuando dicen que nos aman. El problema es que casi nadie se pregunta cuáles son esas acciones determinadas. Y, entonces, vamos por la vida creyendo que el amar se ve igual para todo el mundo cuando, en realidad, es completamente diferente para cada quien. Yo puedo querer mucho a una persona, pero si un día llega y me dice: «Nilda, te quiero tanto, tanto, tanto que te voy a mantener para que puedas dejar de trabajar», yo saldría corriendo. Así no es como a mí me gusta que me amen. Y si así es como la otra persona ama, hasta aquí nos trajo el río.

Por esa razón, es fundamental conocer nuestra oferta y nuestra demanda. De este modo, podemos contrastarlas con las del otro y saber si nuestra forma de amar es compatible. Si lo hiciéramos desde el inicio y fuéramos tan valientes como para dejar una relación cuando es imposible hacer que las formas de amar se complementen, nos ahorraríamos años de terapia y sufrimiento.

En este punto se requiere de tres tipos de observación: la autoobservación, la observación del otro y la observación del vínculo. A continuación, te comparto un ejercicio y un recurso muy útiles que te permitirán llevarlas a cabo.

Tu brújula VID (valores, intereses y deseos)

1. Individualmente, en una hoja, hagan tres columnas: una para valores, otra para intereses y una más para deseos.

2. Anoten al menos cinco elementos en cada columna.

3. Observen:

   - ¿Hay coherencia entre lo que dicen que valoran y lo que hacen?
   - ¿Sus intereses están presentes en su vida cotidiana?
   - ¿Sus deseos están siendo postergados o atendidos?

4. Compartan los hallazgos en pareja y evalúen amorosamente el nivel de compatibilidad que existe entre ambos.

El peligro de las etiquetas y los modelos prefabricados

Contrario a lo que aprendimos del modelo de amor romántico, que busca la fusión total de las dos partes de la pareja, la libertad y la autonomía están lejos de ser una amenaza para el amor, de hecho, son una de sus condiciones fundamentales. **Solo dos personas autónomas pueden construir un vínculo libre, nutritivo y sostenible en el tiempo.** A esto yo le llamo *interindependencia*, una condición donde los amantes deciden, conscientemente, cuidar la independencia de cada uno como si fueran dos solteros que deciden compartir sus vidas. Lejos de ser fría o distante, la interindependencia madura el vínculo y lo libera del miedo a perder. Nos permite disolver apegos y amar desde el deseo, en lugar de desde la carencia; nos hace sentir que podemos ser nosotros mismos sin desligarnos del otro y, entonces, sabemos que somos capaces tanto de dar como de recibir y estamos preparados por completo para que, al pedir, nuestra pareja nos responda con una negativa, pues entendemos que el otro también es un ser independiente.

> Amar es estar cerca sin perderse de uno mismo y estar lejos sin temor a que se rompa el vínculo.

Por eso, los títulos y las etiquetas sirven de poco. Para mí no hay modelos correctos. Más allá del que se elija, **el punto es crear un vínculo que tenga sentido para ambos, donde haya cuidado emocional, erotismo, honestidad y, sobre todo, libertad e interindependencia.** Esto es, una relación en la que cada uno:

a) Es libre de habitar su mundo interior, sus espacios, sus deseos y sus decisiones sin perderse en el vínculo.

b) Puede sostener su autonomía sin desligarse del otro.
c) Puede tener una vida propia fuera del vínculo afectivo: un círculo de amistades, proyectos individuales o con otras personas, decisiones personales, tiempo a solas sin culpa, libertad de pensamiento, espiritualidad, sexualidad...
d) Es libre de existir, decidir o sentirse valioso sin depender del otro.

Sin importar si elegimos estar en una relación exclusiva, abierta o poliamorosa, en una moderna o tradicional, la clave está en hacer un acuerdo explícito al respecto y en ejercer la autonomía emocional, la conciencia del deseo y la honestidad en la relación. Antes de decidir qué tipo de vínculo quieren tener, es bueno hacerse muchas preguntas. Por ejemplo:

- ¿Qué entendemos por exclusividad?
- ¿Qué entendemos por poliamor o relación abierta?
- ¿Qué límites o permisos nos dan paz?
- ¿Cómo se cuida el vínculo principal si abrimos la relación?
- ¿Qué no sería negociable para mí en ese caso?
- ¿Estoy eligiendo este acuerdo porque me da paz o por miedo a perder el vínculo?
- ¿Estamos planteando tener una relación abierta porque lo deseamos, por aburrimiento o porque queremos evadir el compromiso?

Las relaciones exclusivas, abiertas o poliamorosas deberían elegirse por razones que no respondan a que la que tienen no está funcionando así. Es muy común que las parejas prueben abrir la relación porque están aburridas o han llegado a un punto muerto. Error. Eso solo va a romper más la relación. Y lo mismo sucede en las relaciones exclusivas. Muchas parejas no *eligen* este formato, sino que *caen* en él porque es lo «normal» o porque temen que el vínculo se rompa si involucran a otras personas.

Preguntas reflexivas

1. En pareja, o de manera individual, respondan:

   - ¿Elegimos una relación exclusiva, abierta, ritual, espiritual, conviviente?
   - ¿Por qué y para qué proponemos ese tipo de relación?
   - ¿Qué acuerdos nos hacen sentir «seguros»?
   - ¿Qué permisos deseamos explorar?
   - ¿Qué límites podríamos sostener?

2. Elaboren una frase que sintetice su contrato de libertad mutua. Por ejemplo: «Disfruto de tu vuelo, aunque vueles sin mí».

En mi opinión, el título que le pongan al vínculo es irrelevante. Incluso puede que les vaya mucho mejor si se abstienen de ponerle uno, porque, en nuestra cultura, las etiquetas funcionan como si fueran una cárcel: «Ah, como ustedes son esposos, entonces tienen que comportarse como esposos. Y los esposos hacen a, b, c, d...». El espacio para la autenticidad y la libertad de expresión se limita mucho en los modelos prefabricados. ¿De qué sirve ponerse el título de «esposos» si al año de hacerlo se pelean y antes llevaban cinco años de noviazgo donde la pasaban bomba? Seguramente conoces casos como ese.

Las etiquetas sacan a la luz todos los sistemas de creencias que tengamos vinculados con ellas, tanto a nivel consciente como inconsciente. Empezamos a exigir, a sentir y a vernos de formas distintas cuando nos ponemos bajo un título y convertimos la relación en una carrera por alcanzar el que sigue: «Si somos novios, después viene el casamiento y luego ser papás». Estas nomenclaturas muestran creencias, ideas y formas de vivir que quizá nunca elegimos. Muchas de ellas fueron creadas siglos atrás, cuando el contexto era muy diferente. Entonces, nos meten en una cajita muy estrecha para el nivel de libertad que las personas necesitamos en este momento de la humanidad.

En realidad, el problema no es que el amor se acabe, pero sí lo es la escenografía en la que nos obligamos a vivirlo. La cuestión va más allá de si elegimos ser exclusivos o tener pareja abierta, se trata de qué tan libres y cómodos nos sentimos con lo que estamos decidiendo. Y para eso hay que conversar los acuerdos con honestidad radical. Es la única manera, pues las relaciones maduras no se definen por *default*; lo hacen en un acuerdo explícito que se rige según las necesidades y los deseos del momento, y pueden revisarse más adelante. Una pareja puede empezar siendo exclusiva y abrirse después. Y viceversa. Porque amar conscientemente no es algo rígido. Lo que una pareja necesita para seguir eligiéndose sin saturarse depende del momento vital y emocional de ambas partes: a veces necesitan más espacio, otras, menos. Lo importante es que el tiempo que pasen juntos sea desde el deseo de compartir, no desde el deber.

El verdadero amar es libre e independiente emocional, económica, sexual y existencialmente.

Hay un modelo de compromiso que a mí me gusta mucho: el de dos solteros que se unen sin perder su condición de soltería con el único fin de compartir la vida. Con esto me refiero a un formato donde dos personas adultas, libres y autónomas eligen estar juntas sin sacrificios, sin obligaciones y sin tener que cambiar para agradar al otro. Las parejas que se acercan a este modelo son, en mi experiencia, las más felices y duraderas, pues encuentran en el vínculo un espacio de nutrición y libertad.

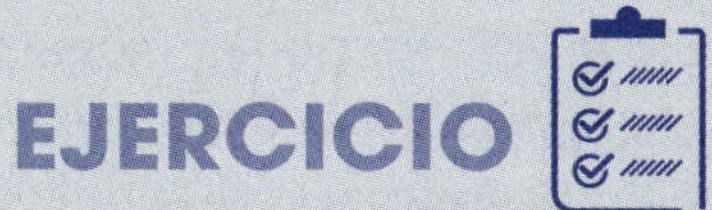

Motivos para estar juntos

1. Tómense un momento para reflexionar individualmente sobre estas preguntas:

    - ¿Por qué y para qué es bueno compartir mi vida contigo hoy?
    - ¿Qué tipo de relación quiero construir a tu lado?
    - ¿Qué parte de ti me sigue inspirando a crecer?

2. Compartan sus respuestas por turnos, sin interrupción, y reflexionen al respecto.

3. Pueden repetir este ejercicio las veces que quieran. Mi recomendación es que lo hagan cada x tiempo. De esta manera, abren el espacio para revisar el vínculo y renovar la elección.

El matrimonio: ¿ideal por perseguir o error que evitar?

Como ya dije: el amor no existe, solo es una idea, **lo que existe es el amar, como verbo y conducta que construye un vínculo.** En ese sentido, hay que tener claro que el matrimonio tiene muy poco que ver con el amar. Es una institución económica, social y patriarcal creada como dispositivo de control, en especial sobre el cuerpo, la sexualidad y la libertad de las mujeres. Además, genera expectativas e imparte obligaciones que rara vez se cumplen y que son una especie de trampa disfrazada de estabilidad. El famoso: «Hasta que la muerte los separe», por ejemplo, supone una carga inmensa para el vínculo y de alguna manera lo exonera de estar revisándose. Ni qué hablar de la fidelidad, a la que se obliga ciegamente y muchas veces es infringida justo porque está basada en un mandato en lugar de una elección. Por eso, una estructura tan preestablecida como la del matrimonio muchas veces lleva a vínculos asfixiantes, tóxicos o vacíos, sostenidos solo por la forma. Adiós ilusiones, ¿verdad?

Con esto no quiero decir que casarse sea malo. Lo crucial es desmitificar y resignificar el matrimonio. Desarmarlo de su carga patriarcal, religiosa y tradicional; quitarle la carga del modelo de amor romántico que nos dice que basta con casarse para ser felices y comer perdices. Porque eso sí hay que tenerlo claro: **el contrato del matrimonio no es garantía de amarse, desearse y estar presentes. Lo que vuelve sagrado el vínculo es la conciencia.** Por eso, el matrimonio necesita cuestionarse y reformularse para ser elegido por convicción, en lugar de por herencia o mandato familiar o cultural. Si se hace desde esa libertad y desde el deseo mutuo, puede ser un ritual simbólico hermoso. Más allá de estar casados, lo que en realidad tiene valor es saber qué se está construyendo juntos.

El matrimonio no es entonces ni un ideal por perseguir ni un error que evitar. Puede ser una elección sumamente satisfactoria si se hace desde la adultez emocional, la autonomía y la revisión crítica de la institución del matrimonio. Cuando deja de ser una meta o un destino y se transforma en un acuerdo entre iguales, con sentido propio y ajustable a lo que la pareja necesita, el matrimonio adquiere un nuevo sentido y permite la libertad de ser y elegir cada día a nuestro compañero.

En resumen, el verdadero compromiso no está en el contrato, cualquiera que este sea, sino en la elección diaria. Y para lograr vínculos y compromisos saludables, hay que quitarse los lentes de los modelos convencionales y dedicarse a la tarea de llegar a acuerdos en pareja que nos permitan construir un modelo de relación a la medida que sea auténtico para los dos. No hay elección sin conciencia, ni conciencia sin reflexión.

Más que buscar el formato correcto, busquemos ser fieles a nuestra verdad y crear acuerdos que respeten la libertad, el deseo y la lealtad al vínculo.

Preguntas reflexivas

1. Tómense un momento para reflexionar de forma individual sobre estas preguntas:

   - ¿Qué me enseñaron sobre el matrimonio?
   - ¿Qué frases, mandatos o miedos heredé?
   - ¿Qué significado tendría casarme o vivir con mi pareja hoy?
   - En mi caso, ¿es una elección libre o una idea que sigo por costumbre o mandato?

2. Escriban una frase propia que resuma su versión actual del matrimonio (puede ser poética o simbólica). Por ejemplo: «Es el mejor espacio para crecer, cultivar mi libertad y amarme. Para seguir siendo yo misma y, desde ahí, compartirme en mi relación de pareja».

3. Compartan, si así lo desean, sus respuestas en pareja y permitan que esto abra un diálogo al respecto.

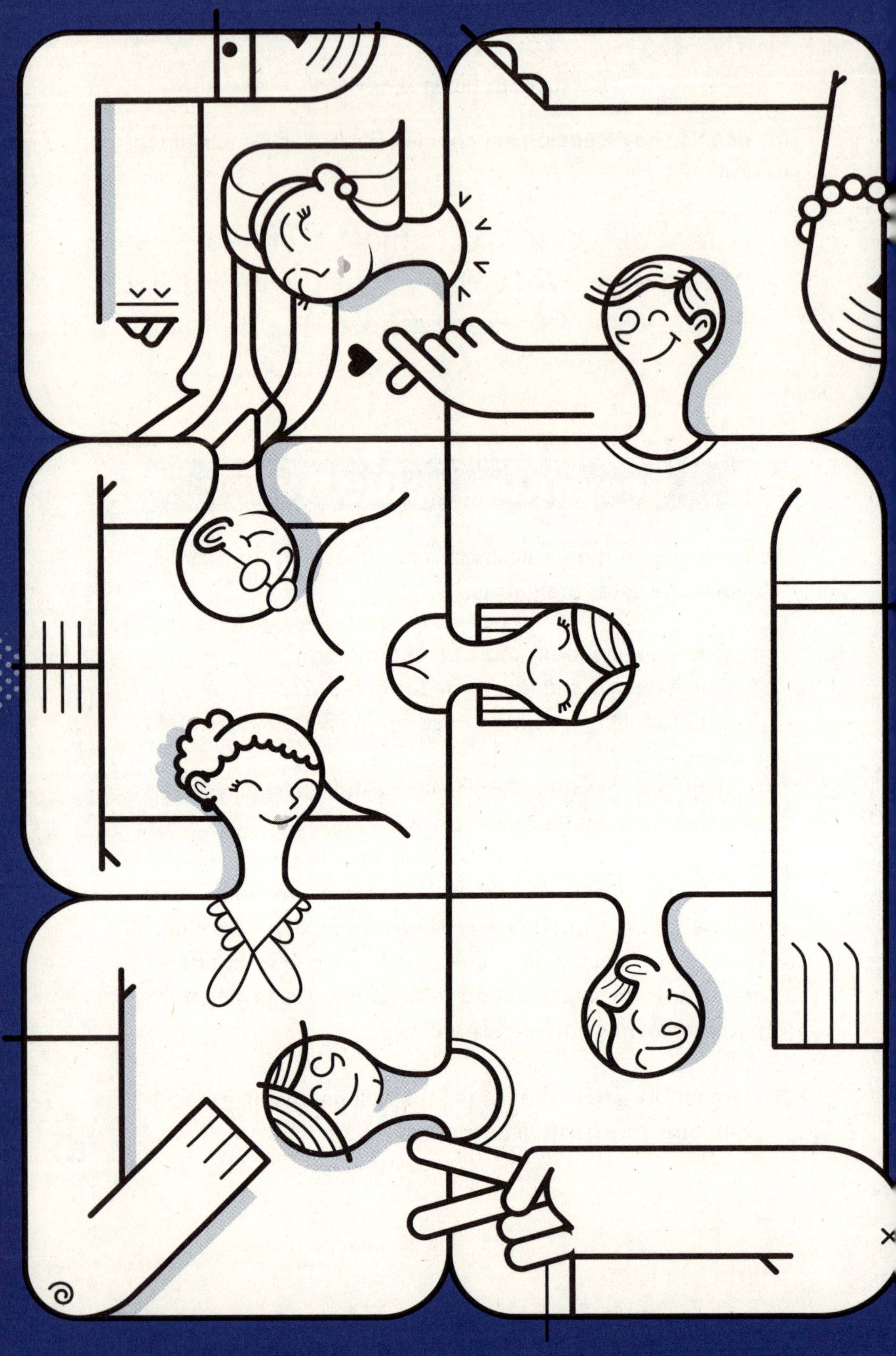

CAPÍTULO 2

LA GENTE QUE SE QUIERE SE TRATA BONITO

(COMUNICACIÓN)

Hablar de comunicación en la pareja es referirnos al modo en que el vínculo se sostiene día a día por medio del lenguaje, los gestos y la escucha que nos permiten cuidarnos mutuamente. No importa cuánta afinidad tengamos, si ignoramos cómo decir lo que sentimos, lo que elegimos o lo que nos duele, es probable que se presenten malentendidos o terminemos hiriéndonos sin querer. Y más que tratarse solo de «hablar bien», se trata de crear un código común: una forma compartida de expresarnos, escuchar y tender un puente entre los dos. Suena sencillo, pero a veces es uno de los temas más delicados entre las parejas; prueba de ello es que a diario veo parejas que vienen por esto a mi consultorio. Y uno se pregunta, ¿por qué será tan complicado, si a simple vista comunicar es un acto sencillo donde cada uno expone sus ideas y se llega a conclusiones? Reflexionemos por qué.

Cuando nos comunicamos, intercambiamos mucho más que palabras, permutamos nuestra interpretación de la realidad. Esto es, una visión única y particular de las cosas permeada por nuestra historia, nuestros dolores, nuestra crianza, nuestra cultura y otro sinnúmero de factores. Los seres humanos estamos diseñados de tal manera que, más que relacionarnos con lo que ocurre, lo hacemos con nuestra interpretación de ello. Esto es evidente, por ejemplo, cuando vamos al cine a ver una película con alguien y, al salir y comentar lo que vimos, nos damos cuenta de que esa persona rescata aspectos de la historia en los que quizá nosotros ni siquiera reparamos. Esto sucede porque todo lo que percibimos con los sentidos está filtrado por un sistema interno de significados: nuestros recuerdos, heridas, creencias, historias de infancia y de vida. Es imposible ver las cosas tal y como son; nuestra idea de la realidad está sesgada por nuestra interpretación.

Comprender esto a un nivel profundo, cambia por completo la forma en que nos comunicamos y enfrentamos los conflictos, pues la mayoría de ellos ocurren porque ignoramos cómo escuchar. Lo hacemos para responder, para defendernos, para ganar... muy pocas veces lo hacemos para entender desde dónde está hablando el otro. Y comprender que su visión es tan válida y legítima como la nuestra es fundamental para resolver conflictos. Solo así dejamos de defender la versión que tenemos de las cosas como si fuera la verdad absoluta y nos abrimos a la posibilidad de complementar nuestra visión con la suya. Nos movemos así del paradigma de la confrontación al de la colaboración.

Para abrir diálogos de este tipo, necesitamos desarrollar dos habilidades clave: la curiosidad, que permite escuchar sin juicio, y la empatía. Pero me refiero a algo mucho más profundo que la empatía básica de «Me pongo en los zapatos del otro». Hablo de aquella en la que lo hacemos desde SU mente, en lugar de la nuestra. Es decir, una empatía que va más allá de imaginar cómo me sentiría yo en esta situación —siendo como soy y pensando como pienso—, sino que intenta entender cómo puede sentirse el otro en esta situación —siendo como es y pensando como piensa.

Para conseguir esto, hay un recurso que me gusta mucho y que pueden usar cada vez que quieran abrir un diálogo en pareja. Se llama ECAR y propone una secuencia emocional que nos ayuda a recibir y procesar lo que el otro nos dice con el fin de construir un espacio de entendimiento, aun si estamos en desacuerdo.

RECURSO

ECAR: entender, comprender, aceptar y respetar

E – Entender (con la cabeza)

Lo primero que hacemos frente a cualquier diferencia es tratar de entender qué dice el otro. Y esta tarea parece fácil, pero no lo es tanto como lo aparenta, pues, muchas veces, antes incluso de que la persona termine de hablar, ya estamos interpretando desde nuestras creencias, nuestra historia, nuestras heridas. Entonces, lo que escuchamos, en lugar de al otro, es nuestro juicio sobre lo que dijo. Entender, en este contexto, significa hacer un esfuerzo por captar la lógica de aquel: ¿cómo piensa?, ¿desde dónde lo dice?, ¿qué experiencias lo llevaron a verlo así? Es el trabajo intelectual de interpretar sin contaminar. No significa coincidir con el otro; más bien se trata de entender cómo funciona su mundo interno.

C – Comprender (con el corazón)

Una vez que entendemos cómo *piensa*, nos acercamos a cómo *siente*. La comprensión ocurre fuera de la cabeza, en el pecho. Es el momento en que algo de lo que el otro vive empieza a tener sentido para nosotros. Tal vez nunca hemos pasado por lo mismo, pero reconocemos la emoción que hay detrás. Comprender es la puerta de la empatía profunda. Es poder decirle al otro: «No lo viví como tú, pero puedo imaginar lo que te dolió, lo que te costó, lo que necesitas». Esto, cuando es sincero, suele bajar las defensas de cualquier conversación.

A – Aceptar (con el estómago)

Aceptar es distinto a resignarse o estar de acuerdo. Es simplemente reconocer que el otro es distinto a nosotros. Que piensa diferente, por eso es diferente, y tiene derecho a hacerlo. Esta aceptación es la que transforma los vínculos, ya que solo dejamos de intentar cambiar al otro cuando lo aceptamos como es. Aceptar también es soltar la expectativa de que el otro debe ver el mundo como lo vemos nosotros.

R – Respetar (con todo el cuerpo)

Y cuando entendemos, comprendemos y aceptamos, lo único que queda es *respetar*. Más que como un gesto educado, como una decisión ética: la de no usar la diferencia para atacar ni para manipular. Respetar no es ceder; tampoco callarse. Es sostener el diálogo sin pasar por encima del otro. Es cuidar las palabras, las formas, las pausas. Es dejar de querer tener la razón a costa de romper lo que tenemos. Es así como podemos encontrar puntos comunes en medio de la diferencia.

Este recurso no puede ser una fórmula mágica, se trata de una brújula para relacionarnos con mayor conciencia, honestidad y cuidado. Podemos usarla si nos sentimos perdidos en medio de una conversación tensa y preguntarnos: «¿Estoy entendiendo lo que el otro dice o ya estoy interpretando?», «¿Estoy pudiendo conectar con cómo se siente o solo estoy pensando en cómo me afecta a mí?», «¿Estoy aceptando su diferencia o estoy esperando que cambie?», «¿Estoy respetando o estoy tratando de ganar?».

Comunicarnos para gestionar el conflicto

Empecemos por decir que *discutir* es diferente a *pelear*. De hecho, puede ser una forma de actualizar el vínculo, de ponernos al día con lo que sentimos y conocernos mejor. El desafío es poder disentir sin herirnos, ni humillarnos y sin usar el dolor como arma. El vínculo no se cuida evitando conflictos, sino evitando la acumulación de lo «no dicho». **Lo que rompe el amor no son las discusiones, sino cómo discutimos, desde qué lugar lo hacemos y si hay espacio para reparar.** Lo importante, más que callar para evitar peleas, es hablar desde la emoción, pero con ecuanimidad en lugar de acusaciones. Hay que discutir sin rompernos, sin usar como arma la información emocional que el otro nos ha dado en la intimidad.

Uno de los errores más frecuentes al comunicarnos es creer que lo que decimos es exactamente lo que el otro escucha. En realidad, hablar no garantiza ser comprendido. La comunicación es un acto que ocurre en tres estadios: *1)* lo que decimos, *2)* lo que el otro interpreta y *3)* lo que cada uno hace con eso. Por eso, es insuficiente tener la intención de hablar bien, también hace falta estar disponibles para revisar cómo decimos lo que decimos y preguntar cómo entendió el otro lo que estamos diciendo. Porque, como ya revisamos, lo que entendemos está filtrado por quienes somos. Algo inevitable. Lo que sí podemos hacer es responsabilizarnos de nuestra parte: elegir las palabras con las que nombramos lo que deseamos, cuidar el tono desde el cual lo expresamos y cerciorarnos de que el otro comprenda exactamente lo que quisimos decir.

La comunicación madura busca comprender, actualizar y preservar la relación mientras atiende lo que nos duele.

Hay diez leyes básicas que pueden ayudarnos a comunicar sin frustrarnos en medio de un conflicto. Estas nos permiten discutir sin perdernos en la pelea, sin transformarnos en enemigos, sin decir cosas de las que después nos arrepintamos. Te las comparto a continuación.

LAS DIEZ LEYES DE LA COMUNICACIÓN

1 El significado de la comunicación está en la respuesta

¿Qué quiere decir esto? Que si yo le digo a mi pareja que nos vemos mañana a las siete para comer, pero no obtengo respuesta y asumo que me entendió, a lo mejor mi mensaje no fue bien comunicado. Es decir, algo comunica solo en la medida en que el otro escuche y comprenda lo que yo quise decir. Si yo digo algo, pero el otro ni lo registra, ni lo recibe ni responde, entonces no hubo comunicación, fue apenas un intento.

Esta misma ley nos recuerda que el **diálogo real solo ocurre desde la ecuanimidad**. Esto es, cuando se han liberado las emociones intensas. Si hablamos desde el llanto, el grito o la furia, lo más probable es que el otro se conecte con la emoción en lugar de con el mensaje. Por eso, si queremos que nuestra pareja nos escuche de verdad, es preciso hablar desde un lugar de calma, presencia y neutralidad. Esto significa que es posible hablar sin esconder lo que sentimos, lo ideal es elegir el mejor momento y la mejor forma de transmitirlo.

2 Callarse cuando se está enojado, dolido, con miedo, triste o incómodo

Cuando estamos dominados por el enojo o el dolor, solemos caer en lo que podríamos llamar *diarrea emocional*:

hablamos sin pensar y sin parar, acusamos, exageramos. En esos momentos, el silencio puede ser una herramienta muy valiosa si se usa sin guardar lo que duele, para entenderlo antes de expresarlo. Si algo nos duele en lo más profundo, lo primero que debemos hacer es preguntarnos qué nos está diciendo ese dolor acerca de nosotros mismos. Esa pausa, ese silencio, no es evasión, es un acto de responsabilidad emocional. Después de comprender lo que nos pasa, podemos elegir cómo ponerlo en palabras sin romper el diálogo, para comunicarnos verdaderamente.

3 Hablar en primera persona y eliminar los «me»

Decir «Me siento sola» es distinto a decir «Tú nunca estás». Aunque parezca que decimos lo mismo, en la primera formulación estamos compartiendo nuestra vivencia, mientras que en la segunda, acusamos al otro. En esa diferencia se juega la posibilidad de un diálogo. Hablar en primera persona es un gesto de madurez emocional que le permite al otro acercarse sin sentirse atacado. Es una forma de hacernos cargo de lo que sentimos, pensamos o necesitamos.

Por otra parte, decir «Él me grita» es distinto que decir «Él grita». Lo primero ubica al otro como causa directa de nuestro malestar, mientras que lo segundo nos deja a cambio una pregunta mucho más interesante: «¿Qué hago yo frente a alguien que grita?». Eliminar el «me» nos ayuda a ver que lo importante no es lo que el otro hace, sino lo que nosotros elegimos hacer con eso. Deja de centrar la atención en lo externo y lo lleva al único lugar donde podemos actuar: nuestra decisión.

4 No pedir respuestas inmediatas ni nada que no estemos dispuestos a que el otro nos niegue

Cuando pedimos algo, tenemos que estar preparados para recibir un «sí» o un «no». Si el otro no puede o no quiere darnos lo que le pedimos, tenemos que poder sostener esa respuesta sin colapsar ni castigar. Por eso, antes de pedir, es importante revisar si estamos listos para aceptar cualquier respuesta sin romper el vínculo. Si nos resulta difícil, quizá no estamos pidiendo, sino exigiendo.

5 Evitar repetir los mismos argumentos en un diálogo abierto; el otro difícilmente será tonto

Repetir el mismo argumento una y otra vez en una conversación es una forma de evidenciar desconfianza. Es como si creyéramos que al otro le cuesta entender, cuando en realidad lo que puede estar pasando es que esté en desacuerdo con lo que estamos planteando. La repetición desgasta y clausura el diálogo. En lugar de insistir con las mismas palabras, quizá sea mejor detenernos a escuchar lo que el otro está diciendo, aunque nos disguste. A veces no se trata de explicar más, sino de escuchar mejor.

6 Eliminar las palabras de guerra: *tienes, debes, necesito...*

Hay palabras que suenan impositivas y cierran el diálogo. Decir «Tienes que cambiar» o «Debes entenderme» pone al otro en un lugar de sometimiento donde perdemos la posibilidad de un encuentro. Este tipo de expresiones convierten la conversación en un campo de batalla donde uno gana y otro pierde. En cambio, si elegimos un lenguaje más amoroso y abierto, donde podamos decir lo que sentimos sin imponer nada, es más probable que el otro desee acercarse. Por ejemplo, en lugar de «Tienes que escucharme», podríamos decir: «Me encantaría que podamos conversar cuando estés disponible». Los verbos *tener* y *deber* en cualquier conjugación indican que estamos obedeciendo la orden de alguien o que estamos dando órdenes. Por lo tanto, estamos haciéndonos irresponsables de las consecuencias de nuestra conducta.

7 Respetar los momentos de silencio y las distancias del otro

En una pareja madura, el silencio puede ser un puente, una forma de procesar lo que todavía es difícil decir. Saber cuándo hablar y cuándo permanecer callados, cuándo acercarse y cuándo dar espacio, es parte del arte del vínculo. Ni hay que interpretar el silencio del otro como indiferencia, ni obligarse a hablar cuando uno necesita aislarse. Respetar esos tiempos es también una forma de amar. El silencio puede pedirse, pactarse y respetarse.

8 Aprender a pedir un «tiempo fuera responsable»

El «tiempo fuera responsable» es un recurso poderoso para evitar que una discusión se transforme en una guerra. Consiste en tres pasos simples: *1)* reconocer que la conversación se está volviendo destructiva, *2)* reconocer su importancia, y *3)* proponer un momento posterior para retomarla. Por ejemplo: «Cariño, siento que esta conversación se nos está saliendo de las manos, pero sé que es importante y te propongo que la retomemos mañana a la hora de comer». Es fundamental no saltarse ninguno de los tres pasos, pues todos están pensados para proteger a quien los enuncia y al otro lado de la pareja.

9 Comprometerse en lugar de prometer

Prometer es anticipar algo que ignoramos si vamos a poder cumplir porque responden a la emoción del momento. En ese sentido, toda promesa encierra una pequeña trampa. Más valioso que *prometer* es *comprometernos* en el presente con aquello que sí podemos hacer hoy.

«Te prometo que voy a dejar de fumar» no significa nada si no viene acompañado de acciones reales y sostenidas. En cambio, «Me comprometo a dejar de fumar dentro de la casa» es un hecho al que sí podemos comprometernos.

10 No naturalizar la mentira sistémica
Vivimos en un sistema social donde la mentira se ha vuelto parte de la norma: mentimos para evitar conflictos, para no herir, para protegernos. Pero esa naturalización de la mentira deteriora el vínculo porque destruye la confianza y, sin ella, no hay intimidad posible. En una pareja madura se puede ser honesto de un modo cuidadoso. Nombrar lo que es real —aunque sea incómodo— es el único modo de que la relación se base en algo verdadero.

Poner límites: una forma de autocuidado

Cuando hablamos de límites en una relación, muchas personas imaginan algo que se impone hacia afuera: «No te permito que me hables así», «No puedes llegar después de las diez de la noche», «No puedes salir con estos amigos». Bajo esta lógica, el límite se convierte en una especie de amenaza o condición impuesta al otro, y es como si nuestro bienestar dependiera de si el otro nos obedece o no. Pero esta visión, aunque muy frecuente, es inútil. **En realidad, los límites no se imponen *al otro*, sino *a uno mismo*.** Esa es una de las diferencias más importantes que podemos aprender si queremos tener relaciones sanas.

Poner límites está, pues, lejos de ser un intento por cambiar al otro. Es reconocer qué conductas o situaciones evitamos seguir tolerando y, a partir de eso, decidir qué haremos nosotros cuando eso vuelva a pasar. Es decir, poner límites es hacernos cargo de lo que está en nuestras manos, ya que cuando ponemos nuestra estabilidad emocional en las manos de otra persona, dejamos de ser protagonistas de nuestra vida y nos volvemos víctimas de lo que el otro haga o deje de hacer.

Un límite bien puesto nunca suena a reproche ni a castigo; es pura claridad, una manera de decir: «Yo no estoy disponible para esto», «Esto me lastima y no me lo voy a permitir» o «Cuando pase tal cosa, yo voy a responder de esta manera». No estamos amenazando al otro; le estamos diciendo cómo nos vamos a cuidar a nosotros mismos en determinada circunstancia. En lugar de quedarnos esperando a que el otro entienda por qué no consideramos que algo es tolerable y se transforme mágicamente, somos nosotros quienes tomamos una decisión al respecto.

Claro, para poder hacer esto se necesita un nivel de conciencia importante. Primero, porque hay que reconocer que el problema que tenemos nos pertenece, es nuestro. No porque estemos «mal» o seamos «culpables», sino porque somos los que nos sentimos afectados por la situación. Y, segundo, porque hace falta decidir qué vamos a hacer con ese malestar. ¿Vamos a seguir esperando a que el otro se dé cuenta? ¿O vamos a actuar en pro del cuidado de nuestra dignidad y nuestro bienestar?

Es inútil intentar cambiar a alguien. Lo que sí podemos es decidir hasta dónde y cómo elegimos estar, y qué haremos si eso no se cumple.

Ahora bien, si decimos que algo es nuestro límite, tenemos que hacerlo valer, cumplirlo y honrarlo. Esa es la condición. De lo contrario —si decimos que haremos a si pasa b, pero luego no hacemos a cuando pasa b—, entramos en la categoría de «perro que ladra, no muerde», es decir, le das al otro la idea de que no tiene por qué tomarte en serio. **Un límite solo tiene**

sentido si está sostenido por nuestra coherencia. Y eso desarrolla la autoconfianza de que nunca me voy a permitir algo que me incomode.

Cuando ponemos límites desde la propia responsabilidad y no desde la imposición, estamos sentando las bases para construir acuerdos verdaderos. Aquellos que no nacen de la exigencia ni de la manipulación, sino de la claridad mutua. Solo ahí podemos preguntarnos: «¿Estás dispuesto a esto?, ¿te parece justo?, ¿cómo lo hacemos para que funcione para los dos?».

A continuación, te comparto un recurso muy simple pero poderoso para lograr lo expuesto en este punto: La llave del cielo. Este nos permite *a)* identificar el problema y quién lo tiene y *b)* solucionar el problema poniéndonos límites a nosotros mismos.

RECURSO

La llave del cielo

Este recurso nos permite:

- Hacernos cargo de lo que sentimos
- Reconocer nuestro sentimiento sin exigirle al otro que la supla
- Comunicar desde nuestro sentir, en lugar del reclamo
- Respetar los procesos del otro y los propios

Cómo funciona:

Puerta 1: Identificar el problema

- ¿De quién es el problema?
- Del que lo siente

Puerta 2: Resolver el problema

- ¿Quién resuelve el problema?
- El que lo tiene, pues los únicos problemas que podemos solucionar son los que están en nuestras manos. Si se encuentran en manos ajenas, es imposible hacerlo.

Ejemplo

Pepe y Luis son pareja. A menudo tienen conflictos porque Pepe es muy puntual y Luis casi nunca llega a tiempo. Esto provoca un enojo tremendo en Pepe, pues le parece una falta de respeto.

Puerta 1:

- ¿De quién es el problema?
- Del que lo siente. Es decir, de Pepe, que es quien se enoja por la impuntualidad. A Luis no le importa.

Puerta 2:

- ¿Quién resuelve el problema?
- El que lo tiene. Es decir, Pepe. ¿Cómo? Hablando con Luis y dejando claro cuáles son sus límites. Puede decir algo como: «Mira, mi amor, a partir de ahora, si no llegas a la hora acordada, yo voy a irme y nos vemos directo en el lugar al que vayamos».

Ahora, veamos cómo podrían Pepe y Luis convertir el tema de la puntualidad en un acuerdo:

Supongamos que esta pareja quedó de verse a las siete de la noche para ir al cine, pero Luis llegó cinco minutos tarde y Pepe ya no estaba.

—No puede ser que por cinco minutos te vayas y no me esperes —dice Luis.

—Mira, mi amor, te avisé —dice Pepe.

—Sí, pero el tráfico estaba muy pesado. Además, fueron cinco minutos, no es posible que no puedas esperarme tan poco tiempo.

—¿Me estás pidiendo un margen de error para tu puntualidad?

—Sí, claro que sí.

—Bueno, entonces dime cuántos minutos de margen te parecerían justos.

—Diez minutos me parecería un buen margen.

—Está bien, entonces quedemos en esto: después de la hora acordada, yo te voy a esperar máximo diez minutos. Ahora bien, tienes que saber que después de esos diez minutos yo no voy a estar. ¿Estamos?

—Estamos.

***Nota:** absténganse de usar esta herramienta para desentenderse de los conflictos o lavarse las manos. Frases como «Pues ese es tu problema» o «Como eres tú el que lo siente, resuélvelo» muestran indiferencia y crean separación. Aunque el problema sea del otro, es posible acompañarlo mientras encuentra cómo acomodar sus emociones, diciendo algo como «Estoy aquí para ti, amor, y sé que vas a poder solucionarlo porque has resuelto cosas mucho más complejas antes».

Comunicación sin violencia

Vivimos en una sociedad donde la violencia está normalizada, donde hemos aprendido que el amor duele y que amar es aguantar, ceder, perdonar y sacrificarse. Todas estas creencias son el caldo de cultivo para que muchas personas aguanten y ejerzan violencia de formas diversas en sus relaciones. Y no me refiero tan solo a los gritos, los insultos o la agresión física. La violencia también se esconde en un tono cortante, una broma hiriente, la indiferencia o un comentario que desacredita al otro. Estas son formas pasivas e indirectas de agresión, pero igualmente lo son. Por eso, antes de intentar comunicarnos mejor con nuestra pareja, detengámonos a observar de qué maneras ejercemos violencia, antes que nada, hacia nosotros mismos. Porque nadie puede ser en verdad cuidadoso con el otro si no ha aprendido primero a no agredirse.

Comunicarnos sin violencia comienza, entonces, por reconocer cómo ejercemos violencia hacia nosotros mismos. Cada vez que actuamos en contra de lo que sentimos, cada vez que nos callamos por miedo, que nos desdibujamos para ser aceptados, estamos rompiendo un pacto de cuidado con nosotros mismos. Y esa ruptura interna, tarde o temprano, se expresa hacia afuera, porque nadie lastima sin estar roto por dentro. **La violencia es hija de la impotencia. Es el lenguaje de alguien que se ha quedado sin recursos emocionales, mentales, de conciencia, incluso físicos, y ya no sabe qué hacer o cómo expresar lo que necesita sin hacer daño.**

Por eso, una de las tareas más importantes en una relación de pareja es aprender a comunicarnos sin que el desacuerdo se convierta en una amenaza. Sin que el conflicto nos arrastre a repetir formas que después lamentemos. La comunicación no violenta es un recurso que nos propone una estructura clara y sencilla para hablar desde la vulnerabilidad y la verdad, sin acusaciones ni dramatismos. Consiste en cuatro pasos que nos permiten expresar lo que sentimos y necesitamos, cuidando al mismo tiempo el vínculo. Aunque parece muy fácil, se necesita un gran nivel de conciencia y madurez emocional para que este recurso tenga buenos resultados. Por eso, te invito a que sigas trabajando en ti mismo, al tiempo que empiezas a practicar este recurso.

RECURSO

La comunicación sin violencia de Marshall Rosenberg

1. **Observar sin juicio:** Describir lo sucedido sin poner etiquetas, acusar o interpretar.

   Ejemplo: *en vez de decir: «No me ignores...», se puede decir:* **«Cuando no me miras mientras hablo...».**

2. **Nombrar lo que siento:** Reconocer la emoción propia, sin proyectarla sobre el otro ni responsabilizarlo de ella.

   Ejemplo: *«Cuando no me miras mientras hablo,* **me siento sola, frustrada, desconectada».**

3. **Reconocer mi sentimiento:** Expresar con claridad qué me está faltando, qué anhelo, qué me haría bien.

   Ejemplo: *«Cuando no me miras mientras hablo, me siento sola, frustrada, desconectada.* **Me gustaría sentirme valorada al compartir algo íntimo».**

4. **Hacer una petición clara:** Pedir sin exigir, dejando espacio a la libertad del otro para aceptar o no.

   Ejemplo: *«Cuando no me miras mientras hablo, me siento sola, frustrada, desconectada. Me gustaría sentirme valorada al compartir algo íntimo.* **¿Podrías, por favor, mirarme cuando hablo de algo que me duele?».**

Ahora bien, recordemos que debemos estar preparados para que el otro se niegue a nuestra petición. Puede decirnos: «No, no puedo hacer eso porque si te miro en este momento, me distraigo y se me quema el arroz».

El buen trato: el único que podríamos permitirnos

En mi casa siempre existió una máxima: «La gente que se quiere, se trata bonito». Aquí nadie se insulta ni se trata groseramente. Y hoy en día, sigo pensando que es uno de los mejores hábitos que podemos cultivar en un hogar. Porque el amar, además de pasión, necesita cuidado. Y ese cuidado se expresa, sobre todo, en el modo en que nos hablamos. El lenguaje construye el vínculo tanto como el deseo. Las formas importan. No es lo mismo decir: «¿Podrías acercarte un poco?», que «Siempre estás lejos». Lo que decimos —y cómo lo decimos— es una forma concreta de vincularnos. Una pareja puede amarse profundamente y, aun así, dañarse si no cuidan el modo en que se dicen las cosas.

Por medio del lenguaje no solo nos comunicamos, también mostramos cómo vemos al otro, cuánto lo cuidamos, qué lugar ocupa en nuestra vida. En el modo en que pedimos, miramos, tocamos o nos retiramos cuando hace falta, se juega una ética vincular. **Por eso, el buen trato no es solo una cortesía, sino una decisión ética y política, una actitud engranada en nuestro sistema que tiene que ver con nuestros valores, con el tipo de ser humano que decidimos ser.** Esto significa que el buen trato no es solo para los días felices, donde todo fluye y nos sentimos enamorados. Este se pone a prueba en la incomodidad, en los días en que estamos cansados, molestos o enojados. Es justo ahí cuando podemos *elegir* seguir hablando bonito, cuando podemos decidir seguir usando un buen tono, respetar la diferencia y reparar si hemos fallado o incomodado. Lo importante es qué hacemos después.

Si rompemos una maceta en una casa ajena, no la dejamos ahí. La recogemos, limpiamos la tierra, compramos otra y, si es posible, ponemos una nueva planta. Eso es reparar. No basta con decir: «Ay, no fue mi intención» o «Ya, perdón». *Reparar* es hacernos cargo de las consecuencias de lo que hicimos, sin justificarlo. Esto último es muy importante, porque *justificar* es proteger la conducta; es dejar la puerta abierta para que vuelva a suceder: «Disculpa, te hablé mal porque estaba apurado, no era mi intención». *Reparar*, en cambio, es asumir la responsabilidad y modificar la acción: «Perdóname por haberte hablado mal. Tendré cuidado de no hacerlo la próxima vez que esté apurado». La forma es tan importante como el fondo. No es suficiente tener buenas intenciones. Si esas intenciones se expresan de manera hiriente, el efecto es igual de doloroso. **Nunca tenemos el poder de lastimar al otro, pero nuestra conducta pudo tocar su herida y provocarle mucho dolor.**

Una buena comunicación solo es posible cuando el buen trato se ha vuelto un hábito y no una excepción. Hablarnos bonito no es algo accesorio ni cursi; es el sustrato de un vínculo que se cultiva con sumo cuidado día a día. En cada gesto, cada palabra, cada pausa, se juega algo profundo: cómo deseamos ser amados y cómo elegimos amar.

El amar sin buen trato es solo una forma elegante de maltrato. Amar implica cuidado y el cuidado requiere ternura y amabilidad.

Veamos un ejemplo de cómo podríamos hablar con nuestra pareja sobre este tema:

Marina y Carlos son pareja. Un día, ella le dice en tono de burla:

—¡Ay, Carlos, tú siempre con las mismas tonterías!

Él tiene dos opciones: la primera es dejarlo pasar, la segunda es preguntar:

—Oye, Marina, cuando me dices eso, ¿qué sientes y qué quieres lograr?

—Bueno, nada. Es una forma de hablar.

—Sí, claro, entiendo que es una forma de hablar. Pero ¿qué sientes y qué quieres lograr? Me interesa saber si piensas que yo soy tonto o que digo tonterías, porque para mí es importante.

—Bueno, tampoco exageres. No estoy diciendo eso; no lo tomes así.

—Eso fue lo que sentí, y por eso me pareció importante preguntártelo con honestidad: ¿qué sientes y qué quieres lograr cuando me hablas de esa manera? Porque a mí me disgusta, pero si para ti es «normal», entonces tendré que tomar decisiones, porque yo no voy a estar con una pareja que se burle de mí o crea que soy tonto.

En este caso, Carlos está poniendo un límite amoroso a la forma en que Marina lo trata y ella tiene la posibilidad de rectificar, si así lo siente, o de asumir la decisión que Carlos tome más adelante.

Amamos como nos amaron

Nadie ama desde cero. Todos venimos con una historia afectiva que tiene sus inicios en nuestra infancia, donde aprendimos a amar según como nos amaron nuestros padres o cuidadores. Ellos nos enseñaron nuestro alfabeto emocional y, aunque muchas veces no sea evidente, eso se refleja en nuestras relaciones de pareja. El cerebro de un niño es puro aprendizaje. Observa, absorbe y une puntos, muchas veces sin lógica ni filtros.

Si ese niño creció en un entorno en el que quienes lo cuidaban gritaban, pegaban o mostraban algún comportamiento violento, aprendió que maltrato y cuidado van de la mano. No lo cuestionó, porque, para un niño pequeño, el cariño de sus cuidadores lo es todo; es su modo de supervivencia. Así, esa asociación se graba como una verdad y, más adelante, de adulto, se cuela en la forma en que entendemos el amor.

Lo mismo sucede con quienes fueron sobreprotegidos. Tal vez nadie los maltrató, pero sí los mantuvieron en una burbuja. En la adultez, ese niño convertido en pareja puede seguir esperando que el otro lo cuide, lo sostenga, le resuelva. Entonces, cuando la pareja no puede —o no quiere— hacerlo, lo vive como abandono.

Por su parte, un niño que creció rodeado de buen trato y expresiones de amor sanas, por supuesto tiene una base emocional un poco más sólida para construir sus vínculos futuros. Si cuando lloraba lo abrazaban, si lo escucharon con atención, celebraban sus pequeños logros o lo corregían con dulzura, probablemente haya aprendido que amar es cuidar, respetar y acompañar. De adulto, lo más seguro es que no le dé miedo expresar afecto, pues su punto de partida es la confianza.

Eso no quiere decir que solo aquellos que hayan sido afortunados y tuvieron este tipo de crianza pueden tener buenas relaciones en la adultez. Si bien lo que aprendimos como lenguaje de amor en la infancia nos condiciona, no nos determina. Con conciencia y trabajo personal podemos desaprender lo que aprendimos del amor, resignificarlo y transformarlo para tener relaciones más plenas.

El niño no elige cómo lo aman, pero el adulto sí puede elegir cómo amar.

Los disparadores emocionales son un buen indicador de aquellas cosas en las que podemos trabajar para mejorar nuestra comunicación afectiva. Me refiero a aquellos gestos, tonos, frases o situaciones que nos alteran o nos sacan de eje, muchas veces sin razón aparente. **La mayoría de las veces, nuestras reacciones no tienen que ver con lo que dice o hace nuestra pareja, sino con lo que despierta en nuestra memoria emocional.** Por ejemplo, si crecí con un padre que explotaba muy rápido, puede que cada vez que mi pareja se enoje —aunque ni grite ni agreda— yo lo viva con pánico. O si de niña mis padres se burlaban cada vez que mostraba tristeza, puede que hoy no soporte que se rían mientras expreso algo importante. Qué tanto nos afecten estos eventos, habla de qué tan profunda es la herida. Como se dice coloquialmente: «El eco es del tamaño del hueco».

Algunos disparadores frecuentes suelen ser:

- La ironía o el sarcasmo cuando nos exponemos emocionalmente.
- Las generalizaciones del tipo: «Siempre haces lo mismo» o «Nunca te importa».
- La risa cuando se está comentando algo que para nosotros es serio.
- Que nos interrumpan, ignoren o invaliden.
- Que se retiren sin avisar o nos castiguen con silencio.
- Que se distraigan cuando estamos hablando de algo importante.

La comunicación amorosa tiene que ver, entonces, con identificar cuáles son nuestros disparadores y preguntarnos: «¿Estoy respondiendo al presente o a una vieja herida?, ¿estoy pidiendo algo que siento hoy o estoy reclamando una deuda emocional del pasado?». Después, es fundamental compartirlo con nuestra pareja, sin acusarla. Si ella desconoce qué nos duele y por qué, tampoco sabrá cómo cuidarnos.

Otro de los aspectos que empezamos a crear durante la infancia con respecto al mundo afectivo es nuestro estilo relacional. Esto es, qué tan fusionados o autónomos necesitamos sentirnos en un vínculo para estar cómodos. Esto no se elige de forma consciente, se forma cuando somos niños en función de cómo se relacionan nuestros cuidadores con nosotros. Así pues, algunas personas se sienten tranquilas en la cercanía constante, otras necesitan espacio para reencontrarse consigo mismas y otras más necesitan un poco de las dos.

El siguiente cuadro comparativo resume algunos de los estilos relacionales.

ESTILOS RELACIONALES

ESTILO RELACIONAL	FORTALEZAS Y RIESGOS	LO QUE NECESITA DEL OTRO
Fusión	**Fortalezas:** cercanía, cuidado, disponibilidad emocional **Riesgos:** pérdida de identidad, miedo a la soledad, asfixia del otro	Validación constante sin requerir presencia total. Claridad de que el amor no equivale a estar todo el tiempo juntos.
Autónomo	**Fortalezas:** respeto por los espacios propios, admiración a distancia **Riesgos:** puede parecer indiferente, difícil de leer emocionalmente	Que su necesidad de espacio no sea interpretada como rechazo. Permiso para volver a sí mismo sin culpa.
Intermitente	**Fortalezas:** sensibilidad, flexibilidad **Riesgos:** genera inseguridad por la variabilidad	Un entorno emocional claro, acuerdos explícitos que ayuden a equilibrar los momentos de cercanía y de distancia.
Evasivo	**Fortalezas:** cuida sus límites, evita explotar **Riesgos:** desconexión, cierre afectivo, huida de la intimidad	Sentirse emocionalmente seguro para abrirse poco a poco sin sentirse invadido.

ASÍ:

	SI LOS DOS QUIEREN	SI UNO QUIERE Y EL OTRO NO
FUSIÓN	**Se vive como** PROTECCIÓN	**Se vive como** OPRESIÓN
SEPARACIÓN	**Se vive como** ALEGRÍA, LIBERTAD	**Se vive como** ABANDONO

Pueden usar el cuadro para revisar su vínculo:

- ¿Estamos en una fusión que protege o que oprime?
- ¿Estamos en una separación que libera o que abandona?

Sirve también para conversaciones en pareja:

—Para mí esta distancia se siente como abandono, ¿cómo la estás viviendo tú?

Es importante que en una pareja exista compatibilidad en cuanto al estilo relacional, lo cual no significa que compartan el mismo. Pueden hablarlo y reconocerse en las diferencias para no forzar al otro. Porque si uno necesita hablar todo el tiempo y el otro solo necesita conectar de vez en cuando, pero ninguno lo comunica, el vínculo se tensa. Surgen las dudas: «¿Ya no me quiere?», «¿Por qué se aleja?», «¿Por qué me asfixia?». Sin embargo, cuando ambos estilos se nombran con claridad y sin juicio, pueden ajustarse con acuerdos amorosos. No hay una fórmula única. Lo importante es que el nivel de cercanía se sienta como un espacio de cuidado para los dos.

Conocer el idioma del otro es un acto de generosidad emocional; aprender a hablarlo, una decisión amorosa.

A continuación, les sugiero un ejercicio que puede ayudarlos a identificar su estilo relacional y a reflexionar en pareja al respecto.

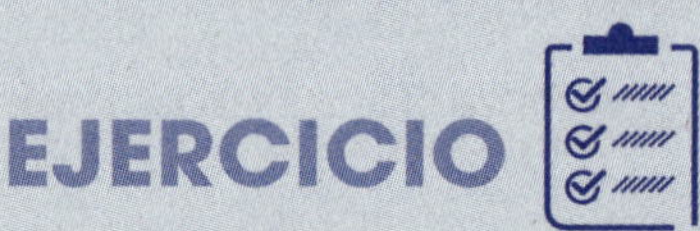

¿Cuál es mi estilo relacional?

Respondan de manera individual.

1. Cuando estoy molesto o saturado, mi primer impulso es:

a) Hablarlo de inmediato.
b) Tomar distancia.
c) Callarme y hacer como si nada pasara.
d) Buscar afecto o validación urgente.

2. Si mi pareja quiere tiempo a solas, yo...

a) lo interpreto como rechazo.
b) lo respeto, pero me cuesta.
c) me siento aliviado.
d) siento ansiedad y trato de acercarme más.

3. Para sentirme bien en la convivencia necesito:

a) Compartirlo todo.
b) Tener momentos para mí.
c) Ir viendo qué deseo según el día.
d) No hablar demasiado de lo que siento.

4. Me cuesta decirle a mi pareja que deseo espacio porque...

a) me di cuenta de que mi forma de pedir espacio o cercanía muchas veces es...

b) me gustaría que pudiéramos encontrar un equilibrio entre...
c) lo que me duele no es la distancia, sino cuando...
d) creo que me siento asfixiada cuando dejo de encontrar un espacio individual ¿será esto posible...?

Comparen sus respuestas y compartan entre ustedes cómo se sintieron al contestar estas preguntas. Recuerden que escuchar al otro es un regalo de amor, porque se están dando la oportunidad de conocerse y, aun así, decidir seguir eligiéndose.

Construir un lenguaje afectivo común

Hay muchas parejas que se aman y se desean, tienen proyectos compartidos y hasta una familia y, sin embargo, uno de los dos —o ambos— se siente solo, poco valorado o querido. Vienen a mi consultorio con la intención de entender por qué y es entonces cuando me gusta abrir el diálogo: «¿Qué haces tú cuando amas y cómo te gusta que te amen?, ¿es eso compatible con cómo ama tu pareja y cómo amas tú?». Porque no todos amamos igual, ni nos sentimos amados de la misma manera. Mientras que para algunas personas, un «te amo» significa mucho, para otras están implícitas esas palabras, pues prefieren que lo demuestren cocinando una rica cena, con una caricia, un lindo regalo o dedicando tiempo de calidad al vínculo. Esto es porque cada persona tiene una forma particular de dar y sentir afecto; su propio lenguaje del amor.

Para sentirnos queridos en una relación, además de amarnos, el otro puede demostrarnos el cariño en un idioma que podamos entender. Muchas veces, la sensación de desamor no se da por falta de afecto, sino por una incompatibilidad en la manera de demostrarlo. Por eso es fundamental identificar cuál es nuestro idioma afectivo, cuál es el del otro y cómo se pueden construir acuerdos amorosos a partir de la diferencia o la similitud de los dos. Este conocimiento mejora la comunicación entre la pareja y ayuda a evitar malentendidos, roces innecesarios y reclamos que nacen, muchas veces, de una pobre interpretación del lenguaje emocional del otro.

Veamos, entonces, cuáles son los lenguajes del amor más comunes, según Gary Chapman:

LOS CINCO LENGUAJES DEL AMOR

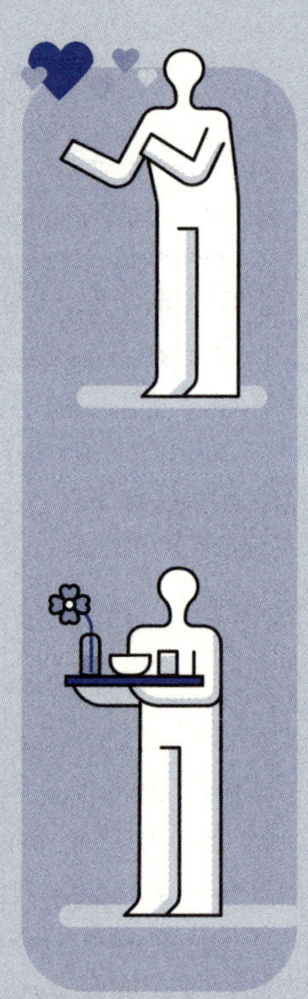

1. Palabras de afirmación

Frases que construyen, que reafirman el vínculo, que hacen sentir visto al otro: «Te admiro», «Me gustas mucho», «Me encanta cómo piensas», «Te amo». Para quienes este es su lenguaje principal, las palabras no son solo palabras, son alimento emocional.

2. Actos de servicio

Gestos concretos que alegran al otro: cocinar, ayudar con alguna tarea sin que lo pidan, cuidar algo importante para el otro. Para las personas que valoran esto, estas acciones son una forma de decir «Te amo y por eso elijo hacerte la vida un poco más fácil».

3. Contacto físico
Abrazar, acariciar, tomar de la mano, masajear, jugar, estar cerca. Para muchas personas, el cuerpo es el principal canal de afecto. El contacto físico sostiene, calma, acompaña. No es solo deseo ni impulso, sino presencia.

4. Tiempo de calidad
Las personas con este lenguaje miran la calidad de las horas compartidas mucho más que la cantidad. Por eso, valoran el estar juntos sin distracciones, pantallas o interrupciones. Escuchar con atención, hacer algo juntos, conversar con intención.

5. Detalles y regalos
Puede tratarse de objetos caros, pero no necesariamente. Basta una nota, un chocolate, una flor o cualquier detalle que diga «Me acordé de ti».

Identificar y nombrar nuestros lenguajes afectivos nos permite saber qué ofrecemos (cómo amamos) y qué deseamos recibir (cómo nos sentimos amados), para poder llegar a acuerdos en pareja, mejorar la comunicación del cariño y cultivar mejor el vínculo.

Como el amar es un verbo, necesita expresarse más allá de la intención, con acciones concretas que tengan sentido para quien las recibe. Y para lograr eso, hace falta observar, preguntar, escuchar y aprender a traducir el lenguaje del otro. Si en este ejercicio yo descubro, por ejemplo, que mi pareja desea que lo abrace más para sentirse querido y no es algo que yo haga cotidianamente, puedo proponerme convertirlo en un hábito. Él, a su vez, puede empezar a dejarme notitas de vez en cuando o a traerme las cerezas que venden cerca de su oficina y que me gustan tanto, pues entiende que a mí me hace sentir bien que me quieran a través de esos pequeños detalles. Porque amar desde lo que se nos da fácil está bien, pero si hay que salir un poco de nuestro molde para cuidar al otro como necesita ser cuidado, también puede hacerse (eso sí, siempre y cuando, cada acto salga desde el cariño, no desde el sacrificio). Así, poco a poco, dejamos de hablar dos idiomas distintos y empezamos a construir uno común que nos dé sentido a los dos.

Preguntas reflexivas

1. Reflexionen y respondan individualmente:

- ¿Cómo me amaron mis padres o cuidadores?
- ¿Demuestro el cariño de la misma forma en la que mis padres lo hicieron o de forma diferente? ¿Por qué?
- ¿Cuáles son mis formas de demostrar afecto hoy?
- ¿Cómo me siento amado hoy? Es decir, ¿qué tiene que pasar afuera para que yo me sienta querido?
- Teniendo en cuenta los lenguajes del amor que hemos explicado, ¿cuál siento que es el mío? ¿Y el de mi pareja?

2. Compartan sus respuestas y reflexionen sobre la compatibilidad de sus lenguajes afectivos y posibles acuerdos al respecto.

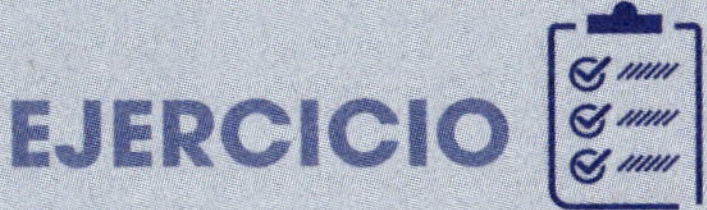

Nuestro diccionario del amor

1. Escriban por separado tres acciones pequeñas que llevan a cabo cuando aman profundamente a alguien.

2. Luego escriban tres acciones que desean o disfrutan cuando se sienten amados en verdad.

3. Intercambien sus notas. Lean en voz alta lo que escribió el otro, sin comentar ni justificar nada.

4. Después, conversen y reflexionen lo siguiente:

   - ¿Qué coincidencias y diferencias notaron?
   - ¿Hubo alguna sorpresa?
   - ¿Qué pueden empezar a hacer distinto para hablar un lenguaje común?
   - ¿Cuál sería una nueva forma (concreta, pequeña y realista) de expresar amor que el otro pueda comprender mejor?

CAPÍTULO 3

DESEAR PARA AMAR

(SEXUALIDAD E INTIMIDAD)

Existe una idea incómoda, pero brutal porque es cierta: sin deseo no hay amor. O mejor dicho: sin desear es imposible amar. Por mucho que nos esforcemos en pensar en el amor como algo elevado y emocional, lo cierto es que este no puede surgir si no hay atracción, si no nos llama la atención el cuerpo del otro, su forma de mirar, de moverse, de hablar, de pensar. **Deseamos antes de amar y es difícil seguir amando si dejamos de desear.** Me refiero al amor en la relación de pareja amoroso-erótica, por supuesto, pues puede seguir habiendo cariño entre dos personas, pero a ese vínculo no se le puede llamar «relación de pareja», como la entendemos en nuestra cultura y dentro del marco psicológico que estamos elaborando. Puede ser una amistad, una relación de paternidad compartida o una sociedad anónima funcional, pero eso es distinto a una relación de pareja. Esto jamás significa que haya algo malo en los vínculos carentes de sexo. Al contrario, hay personas que viven algunos muy plenos sin ello, pero si lo que elegimos es tener una relación de pareja plena, el erotismo es fundamental.

Para entender por qué, hay que comenzar por reconocer que somos animales mamíferos con necesidades físicas básicas y concretas: comer, respirar, digerir y, sí, copular. Lo que ocurre es que, a diferencia de otras especies, los humanos no solo buscamos satisfacer nuestras necesidades, sino que, además las elevamos: por ejemplo, en lugar de solo comer, inventamos la gastronomía; en vez de simplemente vestirnos, inventamos la moda. Y con el sexo pasa lo mismo: en lugar de nada más copular, inventamos el erotismo. Así somos, nos gusta darle belleza y significado a lo instintivo.

En el sexo, nosotros buscamos más que solo la reproducción, deseamos conexión, intimidad, deseo, erotismo, seducción. Todo esto compone lo que comprendemos como *sexualidad*. Como ves, va mucho más allá de la biología. Adquiere sentido dentro de la cultura y cada persona la experimenta según su historia personal. Es decir que, mientras el sexo es genitalidad, la sexualidad va más allá del cuerpo y pasa también por el lenguaje, las emociones, la energía, los pensamientos y las creencias. Por eso, hay una diferencia enorme entre tener sexo sin estar presentes, con la mente ocupada en el recibo de la luz o la lista del supermercado, y vivir el encuentro sexual con plena conciencia y entrega; entre tener sexo mecánico y sexo con intimidad.

La intimidad es un permiso que nos damos para hacernos vulnerables y mirarnos sin máscaras. Ocurre más allá del contacto de piel con piel, justo en el encuentro de las almas, donde podemos mostrarnos tal cual somos, sin temor a ser juzgados. Donde podemos desear, expresar cómo elegimos ser deseados y sentirnos cómodos en la presencia del otro. Este lugar de conexión se construye con tiempo, verdad y seguridad emocional. Se teje dialogando, escuchando, recibiendo al otro tal cual es, sin juicios. La intimidad florece cuando el miedo a ser juzgados o heridos disminuye, solo entonces se puede construir un espacio confiable donde ambas partes sienten que pueden ser ellas mismas; se genera una complicidad que aviva el deseo y permite que el sexo deje de ser algo vacío y mecánico para convertirse en un acto de profunda conexión y nutrición afectiva.

La intimidad empieza cuando nos dejamos ver por el otro sin máscaras y nos sentimos deseados sin tener que representar un papel.

INTIMIDAD VS. SEXUALIDAD

INTIMIDAD	SEXUALIDAD
Espacio de apertura emocional	Espacio de placer, exploración y juego
Se puede construir con o sin contacto físico	Puede vivirse sin intimidad emocional
Implica mostrarse sin defensas	Implica entregarse desde el cuerpo
Nace de la confianza, no del erotismo	Nace del deseo, pero puede nutrirse de la intimidad
No permanece con los años	Cambia, pero permanece en el tiempo

Preguntas reflexivas

1. Reflexionen juntos:

- ¿Cuándo siento más intimidad contigo?
- ¿Nuestra intimidad es un puente hacia el sexo o se queda ahí?
- ¿Qué me gustaría fortalecer: lo íntimo, lo sexual o ambos?

2. Escúchense sin juzgar. Recuerden que el objetivo no es coincidir en las respuestas, sino conocerse y poder habitar juntos una sexualidad y una intimidad compartidas, conscientes y disfrutables.

Hablar de sexualidad no es, pues, hablar solo del acto sexual. Nuestra sexualidad habla de quiénes somos, qué nos gusta, qué nos mueve, qué nos enciende, qué nos da miedo, qué nos avergüenza. Una mujer criada en un entorno muy rígido o religioso, por ejemplo, probablemente construya una relación con su placer muy distinta a la de otra que creció en un contexto más libre. Por esa razón es de gran ayuda revisar qué creencias cargamos alrededor del sexo, cómo fuimos educados al respecto, qué historias de placer o dolor están grabadas en nuestra mente y en nuestra piel.

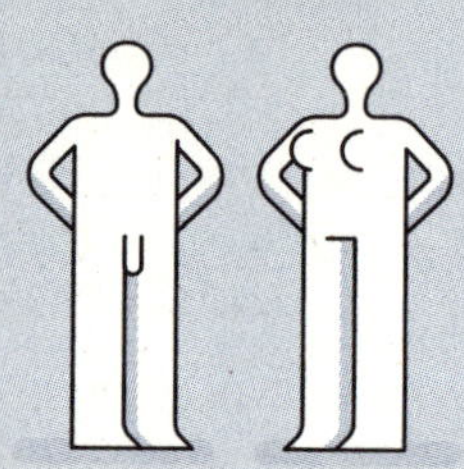

Por eso, esa idea de que «es solo sexo» es falsa. No es solo sexo; claro que hay más en juego. **La sexualidad es un mapa emocional: el lugar donde se unen la historia personal, la cultura, los traumas, los deseos y la libertad de una persona.** Es una dimensión de la existencia que atraviesa toda la vida, no se reduce al acto sexual. Es una forma de habitar el cuerpo con presencia y conciencia, el territorio donde viven la libido, el erotismo, el desear y el seducir.

A lo largo de este capítulo, hablaremos de todas estas categorías, pues es clave entender qué son y qué relación tenemos con ellas en lo individual y como pareja para poder llegar a acuerdos beneficiosos en nuestra relación.

- **Libido:** la energía vital y creativa que nos moviliza a vivir. No se limita al cuerpo, a lo sexual, ni al impulso físico; surge del vínculo con uno mismo y con la vida.

- **Erotismo:** la expresión sensible y creativa de la sexualidad. No se agota en el cuerpo, sino que incluye la mente, los afectos. Involucra la fantasía, el lenguaje, la ternura, la mirada, el juego y la libertad emocional. Sus dos pilares son el desear y la seducción.

- **Desear:** el permiso interno que nos damos para sentir. El impulso dirigido hacia algo o alguien que nos atrae, enciende o moviliza. Puede ser físico, emocional, afectivo o intelectual. No es constante, sino que fluctúa.

- **Seducir:** una invitación al encuentro, una danza sutil en la que mostramos algo de nosotros sin revelarlo del todo. No es manipulación ni estrategia vacía. Es una forma de decirle al otro: «Provoco que me veas, y me dejo tocar por tu mirada».

CONCEPTO	NATURALEZA	ORIGEN	SE EXPRESA CON...
SEXUALIDAD	Dimensión estructural del ser humano	Biológica, psíquica, emocional, cultural y relacional	La forma de habitar la vida, el cuerpo, el placer
LIBIDO	Energía vital y creativa	Psicoemocional, inconsciente, biológica	Entusiasmo, impulso vital
EROTISMO	Expresión sensible del desear	Cuerpo-emoción-vínculo	Fantasías, piel, palabras, miradas, gestos, juego, complicidad, creatividad
DESEAR	Impulso hacia el placer o encuentro con el otro	Conexión emocional, decisión subjetiva	Atracción, intención, búsqueda, misterio
SEDUCCIÓN	Estrategia relacional y expresiva	Interacción individual, social y emocional	Lenguaje corporal, humor, misterio, atención, presencia

El desear nace con el misterio

Así como el amor no existe y lo que existe es el amar, tampoco existe el deseo; lo que existe es el desear. No es un estado fijo, o un objeto que se tiene o se pierde. Es una acción viva, un movimiento interno, un impulso, una curiosidad... un hambre de encuentro. Es anhelar estar en contacto con la vida y elegir caminar hacia lo que está ligeramente separado. Es mirar sin poseer. Es una danza, no una caza. Por eso, el desear deja de existir cuando creemos que hemos «atrapado» al otro. Cuando creemos que es nuestro y nos hacemos uno con él a tal punto que dejamos de verlo. **La fusión mata el deseo, mientras que la distancia, lo enciende.**

Esto explica por qué el enamoramiento termina cuando nos acostumbramos a estar cerca o llevamos tiempo juntos. Cuando es así, es útil buscar momentos de separación que permitan volver a mirarse y admirarse desde una sana distancia. Puede ser algo tan sencillo como decidir dormir en recámaras separadas por un tiempo o acordar que durante un periodo determinado (21 días es lo que yo recomiendo) dejarán de contarse y compartir absolutamente todo, con el objetivo de volver a traer un cierto nivel de misterio a la ecuación. **El misterio es fundamental para que ambas partes se sientan motivadas e inspiradas a seguir descubriendo al otro.** ¿Acaso no es maravilloso cuando creemos conocer al otro de arriba abajo y nos sorprende con algo que no sabíamos de él?

El misterio en la pareja se amplifica conservando una vida personal abundante, de ese modo podemos sorprender al otro de distintas formas. Desde compartir lo que aprendimos a hacer en nuestra clase de repostería, hasta dejar que él nos enseñe los nuevos pasos de baile que aprendió en su clase de salsa. Lo importante es que el otro sea un misterio por desvelar. Creer que lo conocemos como la palma de nuestra mano es, primero que todo, falso, pues todos los seres humanos estamos en proceso de evolución permanente, y, en segundo lugar, es terrible para el deseo. **Es decir, sostener una relación de pareja sexualmente estimulante significa dejar que el otro sea libre y tenga momentos de felicidad lejos de nosotros.** Esa distancia es lo que nos permite volver a ver y seguir descubriendo lo fascinante que es nuestra pareja.

ASPECTOS IMPORTANTES PARA MANTENER EL DESEO

1. Procurar espacios de separación, donde cada uno tenga una vida aparte: amigos, actividades, viajes, etcétera.

2. Mantener un cierto nivel de misterio de cara al otro.

3. Cultivar la curiosidad por el otro, no dar por hecho que conocemos a la otra persona al cien por ciento.

El desear no es una cosa que se tiene, es una acción viva que necesita aire, diferencia y libertad para seguir ocurriendo. A diferencia de la excitación sexual, que es netamente corporal, el desear es una decisión conductual. Depende de cada uno y de cuánto placer seamos capaces de cultivar a nivel personal. Si la excitación vive en el cuerpo, el deseo vive en el lenguaje, en la mirada, en el humor, en la sorpresa y en la intimidad emocional. Es decir, uno puede excitarse de manera sexual, tener coito e, incluso, llegar al orgasmo sin sentir deseo. Pero ese acto está vacío de seducción, erotismo o sensualidad. Por eso es tan importante comprometerse a cultivar el deseo en pareja.

Creemos que el desear se acaba cuando se termina el amar, pero es exactamente al contrario: el amar se acaba cuando el desear deja de cultivarse.

El sutil arte de la seducción

La cultura patriarcal nos ha enseñado por años a seducir desde la manipulación y el miedo a perder. Creemos que seducir es conquistar, cuando en realidad son cosas por completo distintas. Lo segundo es un concepto de guerra: «Conquisto para hacerte mío y hacer contigo lo que se me dé la gana». **Seducir es todo lo contrario: es extender con sutileza una invitación al otro para que baile y disfrute la vida a nuestro lado.** La buena noticia es que, como todo arte, puede aprenderse y cultivarse con conciencia y práctica. Para eso, lo primero es enamorarnos de nosotros mismos y estar en permanente seducción con la vida. No es una técnica o una estrategia para atraer a otro; de hecho, no tiene que ver solo con lo sexual. Es ejercer el derecho al placer de vivir.

Por ejemplo, mientras escribo este libro, estoy viendo por mi ventana un jardín impresionante donde caminan lagartijas e iguanas y descansan pájaros de varios colores. Eso me da placer, y ser consciente de ello me permite disfrutarlo y permitir que todo este disfrute que siento se cuele en las líneas que estoy escribiendo. ¿Se entiende? Y así ocurre con todo. **Mientras más placer, más capaces somos de cultivar en nosotros mismos y mayor deseo somos capaces de inspirar en los otros.**

Por eso, la seducción es una práctica vital, energética y constante. Consiste en ser capaces de encontrar belleza y placer en lo cotidiano: desde el café de la mañana hasta apreciar un atardecer o meterse en la cama entre las sábanas limpias. Cuando esa seducción está dentro de nosotros y la cultivamos a diario, se expande de manera natural hacia los demás. Piensen, por ejemplo, en las flores que se ponen las mujeres tailandesas en el pelo. Las vemos y de inmediato se nos escapa una sonrisa. Eso es seducción; un arte que no se puede improvisar ni fingir, que implica un grado de honestidad con nosotros mismos, una comodidad en nuestro cuerpo, una fluidez en nuestra energía, movernos con presencia y encantarnos con lo que somos. Es difícil que una persona que haya dejado de habitar su propio deseo, su propio placer y goce, pueda seducir verdaderamente a otra por mucho que lo intente. La seducción va mucho más allá de la apariencia, está en la vibración y la abundancia interna.

La seducción es una práctica viva que empieza por desearnos a nosotros mismos, luego a la vida y, después, a nuestra pareja.

El gozo interno es, pues, la mejor arma de seducción. Quien se disfruta a sí mismo y se deleita con la vida inspira también disfrute y deseo en el otro. Por eso, cuando dos personas conectadas con la vida y el gozo se encuentran, la energía erótica se aviva y se despierta el deseo de jugar y compartir el placer. Pregúntate entonces: a mí, ¿qué me da placer? ¿El olor a sándalo, a lavanda, a tierra mojada? ¿El sabor de la mandarina o el de la ciruela? ¿Cómo me gusta el agua de la regadera? ¿Qué texturas me resultan placenteras? ¿Qué imágenes de la naturaleza disfruto? ¿Qué sonidos me dan bienestar?

El autoplacer está directamente relacionado con el contacto y la conciencia de nuestros cinco sentidos. Si quieres empezar a conectar con ellos, te sugiero tener una libreta a la mano para ir anotando las cosas que te dan placer. También es útil identificar aquellas cosas que bloquean nuestro placer o nos impiden entregarnos a él. Por ejemplo, creencias alrededor de la comida o de ciertas prácticas sexuales. Transformarlas, si identificamos que nos bloquean, también ayuda a liberar nuestra capacidad de sentir.

La seducción se trata de ritualizar la vida por medio del erotismo. Cuando lo hacemos en la cotidianidad y con nosotros mismos es como mantener una brasa viva y, entonces, cuando llegamos al encuentro sexual con el otro, el fuego se enciende con mayor facilidad. Si ya ritualizamos la vida, usualmente, nos saldrá más natural, por ejemplo: preparar una rica cena, encender alguna vela aromática, cambiar la cama de lugar, poner una música que nos encienda e invitar a nuestra pareja a conversar, reír y recordarnos por qué nos amamos y deseamos. El erotismo no suele empezar en una cama, da inicio en las conversaciones, las miradas, la emocionalidad, en cómo el otro se abre desde su propio placer.

A continuación, te dejo ejemplos para que puedas comenzar a establecer rituales de seducción contigo mismo y en pareja desde el cuerpo, la palabra y la energía cotidiana. Es clave que estos u otros rituales de seducción se realicen de manera consuetudinaria, pues así mantenemos viva nuestra llama a nivel individual y le decimos al otro: «Te sigo eligiendo, te sigo mirando con curiosidad. Te deseo y me deseo en este encuentro».

RITUALES DE SEDUCCIÓN

DIMENSIÓN	ACCIÓN CONCRETA	EJERCICIO O RITUAL	FRECUENCIA SUGERIDA
CUERPO	Reactivar la sensación del contacto	Regalarse cinco minutos para tocarse sin hablar: mirarse, abrazarse y acariciarse sin una meta específica, solo con el objetivo de sentir.	Diario o cada 2 días
CUERPO	Mostrarse deseante, además de disponible	Elegir una prenda que los conecte con su sensualidad y ponérsela, aunque sea para estar en casa.	1 vez por semana
PALABRA	Nombrar lo que me gusta del otro (más allá de lo obvio)	Buscar un momento íntimo para compartir frases que empiecen por: «Hoy me encendió de ti...» u «Hoy me gustó verte así...».	Diario o cuando lo sientan
PALABRA	Mensaje sorpresa erótico o afectivo	Escribir una nota o enviar un mensaje de voz breve al otro expresando deseo o ternura inesperada.	2-3 veces por semana
ENERGÍA COTIDIANA	Cambiar la rutina con una microsorpresa	Hacer algo fuera del guion: encender una vela, preparar algo especial de comer, proponer un juego o una cita exprés.	1 vez por semana
ENERGÍA COTIDIANA	Cuidar mi energía antes de acercarme al otro	Hacer una pausa, respiración consciente o movimiento intencionado del cuerpo antes del encuentro erótico. De este modo se unirán desde la presencia, en lugar del cansancio.	Cuando lo necesiten

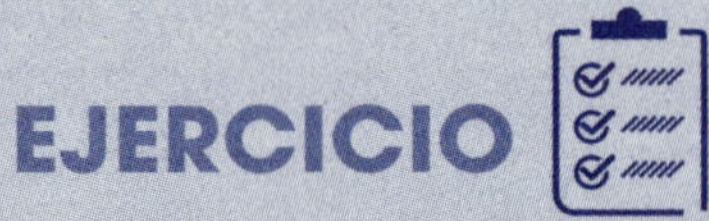

Seducción en tres pasos

- **Comiencen por autoseducirse:** cada uno, por separado, tómese diez minutos al día para tocarse, mirarse o hablarse como a alguien que desea. Pueden elegir una o más de las acciones de la tabla anterior.
- **Ahora, seduzcan la vida juntos:** déjense una nota inesperada, manden un mensaje erótico sorpresivo, compren flores y decoren la casa, enciendan velas sin ninguna razón aparente, hagan algo erótico juntos sin llegar a tener sexo (bañarse, bailar, mirarse).
- **Por último, sedúzcanse mutuamente:** una vez por semana, túrnense para hacer algo que seduzca al otro. Pueden elegir alguna acción de la tabla anterior u otras.

La libido, chispa de vida

La libido, también conocida como *energía sexual*, es mucho más que un impulso físico: es una corriente vital, emocional y creativa que nos empuja a vivir y a crear. Aunque se manifieste en el cuerpo, su origen está en lo relacional: nace del vínculo que tenemos con nosotros mismos y que se despliega en nuestra relación con la vida, con los demás y, por supuesto, con nuestra pareja.

La expresión saludable de la libido está relacionada de modo muy estrecho con la manera en que nos conectamos no solo con el otro, sino con nosotros mismos y la vida. Y como la vida, el contexto y lo que somos cambia constantemente, así también cambia y fluctúa nuestra libido. Es esencial comprender esto y no frustrarnos cuando llegan los momentos de baja libido, pues su ausencia no es una alerta de que algo anda mal con nosotros o con nuestra pareja. Puede ser solo una señal de que algo en el cuerpo, en nosotros o en la relación se está transformando.

El problema es que, en un contexto cultural, hemos aceptado ideas alrededor de este tema que en realidad son falsas, nos frustran y hacen mucho daño en los ámbitos individual y relacional. Por ejemplo, creemos que una persona joven debe estar todo el día queriendo tener sexo, porque si no, es frígida; que si una pareja tiene sexo menos de tres veces por semana está mal; que los hombres están obligados a darle placer a las mujeres porque de eso depende su masculinidad, que si a las mujeres nos disminuye la libido después de cierta edad es porque estamos viejas y secas. Nada más alejado de la realidad.

A continuación, te presento una tabla con algunas de las ideas más comunes y dañinas sobre este tema, y te presento una alternativa para que vayas desmitificándolas. Como verás, todas ellas son formas de violencia simbólica, porque nos alejan del cuerpo, de la intuición y de nuestra capacidad de habitar el deseo con autenticidad.

MITOS Y REALIDADES SOBRE LA LIBIDO Y EL EROTISMO

MITO	REALIDAD
«El deseo debe ser constante si hay amor verdadero».	El deseo es cambiante. Su ausencia no significa falta de amor, sino tal vez falta de espacio o conexión.
«Después de cierta edad, el erotismo se apaga».	El erotismo no muere, se transforma. Se vuelve más profundo, más consciente, más auténtico.
«Si no tengo ganas, algo está mal conmigo».	La libido puede bloquearse por estrés, enojo, trauma o agotamiento. Escucharla es más sabio que forzarla.
«El deseo nace solo de lo físico».	El desear nace del juego, del lenguaje, del misterio, de la libertad emocional.
«El sexo frecuente es señal de salud en la pareja».	La calidad del encuentro es más reveladora que su frecuencia.
«Hay que buscar novedad para reactivar el erotismo».	No siempre. A veces no falta novedad, sino presencia, ternura o permiso para sentir.
«El deseo desaparece con los años».	El desear cambia de forma, pero no muere. Se puede reencender con conciencia.
«Si no tengo ganas, es que algo está mal».	La falta de ganas puede ser un mensaje del cuerpo, no una falla emocional o física.
«El deseo debe ser mutuo y simultáneo».	El desear tiene ritmos distintos en cada uno. Se puede invitar, pero no exigir.
«Cuando hay amor, hay sexo».	Hay parejas que se aman profundamente y atraviesan etapas de bajo deseo.
«Tener sexo es sinónimo de intimidad».	A veces el sexo evita la intimidad; otras veces la fortalece.

Preguntas frecuentes y temas por acordar

Como hemos visto a lo largo de este capítulo, **la sexualidad no es solo un área de la vida; es la vida misma,** y como tal, es inabarcable y compleja. Esto quiere decir que no hay respuestas únicas, fórmulas o consejos que sirvan para todas las parejas por igual. Como psicoterapeuta, lo mejor que puedo sugerir es que hablen con la verdad entre ustedes y entrenen su capacidad para llegar a acuerdos también en esta materia. El fuego y la química no garantizan que haya una buena sexualidad, sobre todo, a largo plazo. La sexualidad es un territorio vivo que se construye y se cultiva en pareja, momento a momento, a partir del deseo consciente, la escucha mutua y la valentía para actualizar los acuerdos.

Por eso, quiero terminar este capítulo reuniendo las preguntas más frecuentes que recibo en mi consultorio sobre este tema y dándote recursos para que tú mismo puedas encontrar sus respuestas. Te comparto temas clave, ideas, ejercicios y marcos de reflexión para empezar a abrir conversaciones honestas y llegar a acuerdos que te permitan construir con tu pareja una sexualidad plena y satisfactoria para ambos.

I. «¿Cómo podemos tener una sexualidad que nos guste a los dos?»

La respuesta más corta a esta pregunta es esta: atreviéndose a hablar. Para construir un encuentro real, podemos conversar con nuestra pareja: compartirle qué nos gusta y qué no, contarle nuestras fantasías, nombrar lo que nos incomoda y poner palabras a nuestros límites. Porque, en el sexo, todas las personas deseamos diferente, ni de la misma forma todo, ni lo mismo todo el tiempo. A veces anhelamos un sexo más suave, profundo, ritual o incluso místico, y otras veces, uno más salvaje y juguetón. Lo importante es preguntarnos qué estamos buscando cuando nos encontramos sexualmente con alguien:

¿placer, conexión, juego, liberación, expansión, intimidad, reparación?

No existen problemas sexuales de pareja; existen relaciones en las que falta verdad, ternura o libertad.

La sexualidad es un lenguaje, y así como no hay una única manera de hablar, tampoco hay una sola forma de experimentar la sexualidad. Algunas parejas priorizan lo genital, mientras que otras disfrutan de explorar el cuerpo entero. Algunas se comunican con palabras, otras con miradas. Hay quienes son ritualistas y quienes prefieren la espontaneidad. No importa cuál sea el estilo, sino que el lenguaje sexual elegido represente a quienes lo comparten, los expanda emocionalmente y esté sostenido por un consentimiento claro, genuino y entusiasta. Y esto, sí o sí, hay que acordarlo.

Qué tan satisfactorios sean nuestros encuentros sexuales o no, depende en gran medida de qué tan capaces seamos de decirnos lo que elegimos vivir, con honestidad. Ninguna pose o *performance* puede reemplazar una buena conversación al respecto. En este apartado, te comparto un ejercicio que te ayudará a tenerla. Mientras lo realizas y, por supuesto, cuando vayas a tener un encuentro sexual, recuerda que lo que buscamos no es un sexo que cumpla con estándares externos, sino uno que nos permita estar realmente presentes. **El buen sexo tiene que ver muy poco con «hacerlo bien», y mucho más con «hacerlo verdadero».** Por lo general, va a ser bueno cuando creamos un espacio donde podemos expresarnos, explorarnos y encontrarnos desde la verdad del cuerpo, sin juicio ni vergüenza.

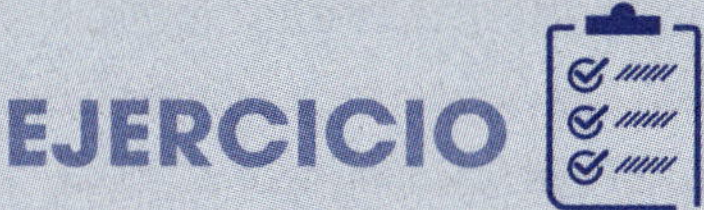

Deseo y límite: un mapa íntimo de pareja

Tiempo: mínimo 60 minutos

Recursos necesarios

- Papel y pluma para cada uno
- Un espacio privado y seguro
- Disposición a no interrumpir al otro mientras habla

Paso 1: Mapa del cuerpo (nivel físico)

Objetivo: reconocer zonas de placer, zonas de incomodidad y límites físicos actuales.

1. Dibuje cada uno un esquema simple de su cuerpo.
2. Marquen con tres colores distintos (o símbolos):

   - Zonas de alto deseo (me gusta que me toquen / me enciende)
   - Zonas sensibles o vulnerables (pueden ser placenteras si hay confianza)
   - Zonas de límite o poco contacto por ahora

   Intercambien dibujos y explíquenlos brevemente sin discutir, solo escuchando y agradeciendo.

Paso 2: El lenguaje que enciende y el que apaga (nivel verbal)

Objetivo: nombrar frases, tonos o palabras que generan conexión erótica o desconexión.

1. Responda cada uno por separado:

   - Me gusta cuando me dices...

- Me apaga cuando me hablas así...
- Palabras que me gustaría que dijeras en la intimidad...
- Palabras que prefiero evitar...

2. Compartan las respuestas en voz alta. Si algo incomoda o sorprende, respiren, agradezcan y eviten el juicio.

Paso 3: Deseo emocional (nivel afectivo y simbólico)
Objetivo: explorar lo que enciende el deseo más allá del cuerpo.

1. Completen estas frases por separado:

- Me siento más abierto(a) al deseo cuando tú...
- Me alejo del deseo cuando siento que...
- Me gustaría que exploráramos juntos...
- Hoy, un límite importante para mí es...

2. Después de compartir, pregúntenle al otro:

- ¿Hay algo que te gustaría experimentar conmigo, pero no te has atrevido a proponer?
- ¿Hay algo que yo hago pensando que te gusta, pero en realidad lo disfrutas muy poco?

Paso 4: Ritual de cierre
Agradezcan en voz alta por lo compartido. Pueden terminar con una de estas acciones, según lo que surja:

- Un abrazo largo en silencio
- Un baño juntos
- Una frase de deseo o de ternura
- Simplemente mirarse unos minutos, en silencio, sin palabras

II. «¿Cuál es la frecuencia normal para tener sexo?»

Esta es una pregunta que recibo a diario en mi consultorio. En nuestra cultura se dice a menudo que tres veces por semana es una frecuencia «normal», pero hay que empezar por decir que no existe nada «normal» ni general en este asunto. El cuerpo, el desear y el contexto emocional cambian todo el tiempo, y eso implica que la frecuencia con la que una pareja tiene relaciones sexuales también varíe. Lo importante no es cuántas veces hacen el amor, sino cuál es la calidad de sus encuentros. ¿Los hacen sentir conectados? ¿Les permiten reavivar el amor y el deseo entre ustedes?

El acuerdo en este punto, como todos los acuerdos, no es algo que se pueda definir una vez y se sostenga en el tiempo. Es un tema que necesita ser conversado y actualizado de manera constante sin juicios ni exigencias. El deseo puede fluctuar por mil razones: cansancio, estrés, trauma, cambios hormonales, crianza...

La respuesta a cuál es la frecuencia normal no es entonces un número que tenemos que cumplir. La respuesta tiene que ver con el deseo, porque cuando nos ponemos a hacer el amor por obligación, por cumplir con el deber conyugal, el sexo termina siendo netamente genital o una fuente de conflicto y deuda. Deja de ser un espacio erótico y se convierte en un terreno de poder. ¿Y qué ocurre entonces cuando la frecuencia deseada no es la misma para ambas partes? En lugar de forzar coincidencias, en este caso lo que se propone es reflexionar y llegar a acuerdos basados en las respuestas.

Preguntas reflexivas

Reflexionen en pareja:

- ¿Qué me pasa cuando no tengo ganas? ¿Qué te pasa cuando no tienes ganas?
- ¿Qué sientes tú cuando no te busco? ¿Qué siento yo cuando no me buscas?
- Cuando alguno de los dos no tiene ganas, ¿podemos explorar otras formas de encuentro, más allá de lo genital?

El objetivo es crear un acuerdo de un ritmo íntimo que respete a ambos, y que les permita desear desde la libertad, en lugar de la presión. Por eso, **no se trata de definir cuántas veces por semana debemos tener sexo, sino de tener la intención de seguir encontrándonos con verdad, ternura y presencia.** Me parece que este puede ser un buen acuerdo de fondo.

III. «¿Cómo hacemos para mantener el deseo en la madurez?»

Uno de los mitos culturales sobre la sexualidad que más ha hecho daño a las mujeres es el que dice que la menopausia marca el fin del erotismo porque la vagina se seca y se pierde el deseo. Eso no solo es falso, sino que les arrebata a las mujeres la posibilidad de descubrirse sexualmente en una de las etapas más libres y auténticas de la vida.

Para entender mejor esto, vale la pena mirar cómo evoluciona la sexualidad a lo largo del tiempo:

En la juventud, el deseo suele estar encendido por la fuerza hormonal, la curiosidad y la urgencia por explorar. Es una etapa de fuego, de búsqueda, de intensidad; sin embargo, también está atravesada por numerosos mandatos culturales que exigen «ser *hot*», «rendir», «complacer» o «no parecer inexpertas».

A veces el deseo es genuino, nace desde adentro, pero muchas otras es una actuación: una respuesta aprendida para pertenecer o cumplir con expectativas ajenas. Se explora el cuerpo, sí, pero no siempre se profundiza en la intimidad emocional.

Al llegar a la adultez, la sexualidad empieza a entrelazarse con la convivencia, la crianza, el trabajo, el cansancio. El deseo puede disminuir, no tanto por la edad en sí, sino por el agotamiento, la rutina, la falta de tiempo y de ternura. Pero también puede ser un momento de reconexión, de reinvención del erotismo, donde se cultiva una sexualidad más consciente, más libre, más conectada con la verdad de cada quien.

Y luego llega la madurez, una etapa que ha sido injustamente señalada como el ocaso del deseo, cuando en realidad puede ser su florecimiento más genuino, pues el erotismo no tiene edad ni fórmula. Tiene permiso, verdad y cuidado y se puede sostener como un lenguaje vivo a lo largo de la vida. El erotismo es una idea, y las ideas no envejecen.

Muchas personas, en especial mujeres, descubren después de los cincuenta una sexualidad más libre, profunda y espiritual. La presión por «rendir» se disuelve, el cuerpo se convierte en un territorio conocido y respetado, y el placer deja de estar condicionado por la mirada del otro. Si hay vínculos nutritivos, si hay deseo de tocar y ser tocado y una escucha corporal auténtica, la sexualidad no solo no se apaga, puede agrandarse como nunca antes si se transforma con conciencia. La menopausia no es, pues, el fin del erotismo. Por el contrario, para muchas, marca el inicio de una etapa donde el deseo deja de ser mandato y empieza a ser elección. El cuerpo cambia, pero puede sentirse más libre, menos autoexigido y más honesto. El placer se expande cuando hay tiempo, presencia y ternura, así que la propuesta es dejar de esperar que el sexo sea «como era antes» y preguntarse: «¿Cómo se conforma mi deseo ahora?».

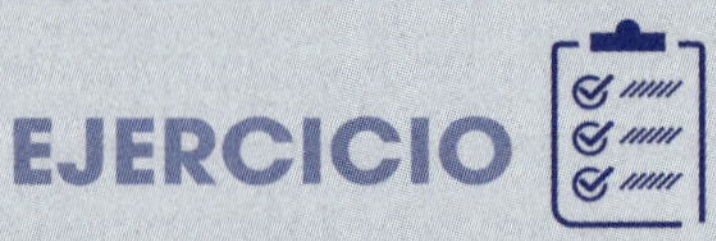

Ritual de autoerotismo

***Nota:** Este ejercicio se realiza de forma individual.

1. Busca un lugar cómodo y silencioso. Puedes poner música suave, prender una vela, rociar un aroma que te guste. Asegúrate de que nadie te interrumpirá. Este momento es solo para ti.

2. Siéntate o recuéstate. Cierra los ojos. Respira hondo unas cuantas veces. Lleva tus manos a distintas partes de tu cuerpo: rostro, brazos, pecho, piernas. Tócate despacio, con curiosidad. Sin buscar excitarte, solo sintiendo tu cuerpo. Puedes usar alguna crema, un aceite o lo que se te antoje para que el tacto sea más placentero.

3. Cambia el ritmo, la presión, la temperatura. No importa si surge la excitación o no. No hay un destino al cual llegar. Lo único que importa es estar contigo mismo.

4. Cuando sientas que es momento de terminar, quédate un momento quieto. Respira profundo. Agradece lo que sentiste. Tal vez quieras escribir algo o solo preguntarte:

    - ¿Qué noté hoy que no había notado antes?
    - ¿Qué parte de mí necesita más ternura?
    - ¿Qué cambió en mi energía después de este momento?

IV. «¿Qué es realmente la infidelidad?»

La *fidelidad* no es un concepto universal ni una definición cerrada. Cada persona la construye a partir de su historia, su educación, sus heridas, sus creencias culturales o religiosas, sus experiencias de amor y pérdida. Y por eso, lo que para una persona es una traición, para otra puede no serlo. En mi consultorio he atendido a muchas personas acusadas de ser *infieles* sin saber que lo estaban siendo. Mientras que algunos piensan que reaccionar con un fueguito a alguien distinto a su pareja en redes sociales es una infidelidad, hay muchos otros que piensan que la infidelidad empieza con el coito. ¿Ves cómo esta diferencia puede ser un problema enorme?

Por eso, es fundamental que conversen como pareja acerca de este tema y se enteren sobre cuál es la definición individual de infidelidad. Es importantísimo abrir un diálogo profundo y curioso acerca de los sistemas de creencias de cada uno, en especial cuando encuentran que están en desacuerdo en los significados. **Puede sonar drástico, pero el futuro de una relación depende en gran medida del acuerdo que se haga sobre el tema de la fidelidad y de la definición conjunta que se le dé a esta.**

Muchas parejas evitan hablar explícitamente de qué entienden por *fidelidad*. No actualizan sus acuerdos con el paso del tiempo, con los cambios que trae la vida, con los desafíos que enfrentan. Y, entonces, cuando uno actúa fuera de ese acuerdo implícito, el otro se siente traicionado. Y de las traiciones rara vez se regresa a la relación que había. Aunque se perdonen, el cerebro y el cuerpo no olvidan. El cerebro no dice: «Esto sucedió hace diez años, ya no me duele». No, para él lo que ocurrió se queda grabado y cuando hay un suceso disparador que se lo recuerda, el cuerpo vuelve a sentirlo con la misma intensidad que cuando sucedió originalmente. Porque el cerebro carece de tiempo, las grabaciones no tienen fecha.

Además, la traición no es solo al cuerpo; es también a la intimidad, la confianza y el vínculo como tal. Va mucho más allá de solo tener relaciones sexuales con alguien más: es romper un acuerdo afectivo, emocional y relacional —muchas veces tácito— entre quienes conforman un vínculo. Es una herida que se abre por lo que el otro hace y también por lo que el otro oculta. Lo que duele no es solo el beso, lastima el silencio. No es solo el acto en sí, es la desconexión que implica entre la pareja, la evidencia de un quiebre invisible; de que alguien ha dejado de estar disponible emocionalmente para el vínculo, pero sigue ahí, por miedo, por costumbre o por culpa.

La infidelidad puede ocurrir, entonces, sin que haya un solo roce físico. Puede habitar en las miradas que se escapan, en las conversaciones ocultas, en la intimidad compartida a escondidas con otra persona. También puede estar en la falta de presencia, en esa desconexión callada que se instala cuando ya no hay deseo, pero tampoco verdad. Cuando ya ni se elige al otro ni se le dice.

Y esto nos lleva a un tipo de infidelidad aún más silencioso: la que ocurre hacia uno mismo. Cuando nos callamos lo que sentimos, cuando reprimimos el deseo o sobrepasamos nuestros límites con tal de sostener un vínculo que ya no es auténtico. Cuando nos quedamos en una relación por miedo a romperla, aunque nuestro cuerpo nos pida irnos. Eso también es traición.

Por eso, si queremos reducir la posibilidad de una infidelidad, conversemos a profundidad sobre lo que significa la fidelidad para cada uno. No darlo por hecho, no asumir, no repetir lo aprendido sin revisarlo. Hacer del acuerdo un acto vivo, actualizado y explícito. Cuando tenemos claro eso en nuestra pareja, es más fácil establecer qué es fidelidad: es la lealtad a ese pacto realizado entre dos personas adultas que eligen desde la libertad qué tipo de vínculo quieren habitar —ya sea exclusivo, abierto o poliamoroso— y qué necesitan para sentirse cuidadas en ese pacto. Entonces, la fidelidad deja de ser obediencia, sacrificio, dogma, promesa, control o mandato para convertirse en algo voluntario. Queremos ser fieles porque está en nuestro más alto interés sostener el vínculo con honestidad.

Fidelidad es cumplir lo que pactamos. _Lealtad_ es tener el coraje de decir que algo ha cambiado, antes de traicionar.

Ahora bien, si eso es *fidelidad*, la *lealtad* es aún más grande, pues va más allá del acuerdo. Es la capacidad de cuidar el vínculo incluso cuando los cimientos se mueven, cuando el deseo se transforma o aparecen los conflictos. Es atreverse a decir la verdad, aunque incomode, tener el coraje de hablar antes de actuar, de asumir lo que se siente y ponerlo en palabras, jamás esconderlo «para no hacer daño». ***Cuidar* no es *callar:* es respetar al otro como adulto emocional, en lugar de infantilizarlo y manipularlo con el silencio.**

TABLA COMPARATIVA FIDELIDAD Y LEALTAD

CONCEPTO	VISIÓN TRADICIONAL	REFLEXIÓN
FIDELIDAD	Obediencia, posesión	Acuerdos conscientes que pueden revisarse
LEALTAD	Cerrar filas, aunque no haya deseo	Honestidad emocional, cuidado del vínculo y verdad

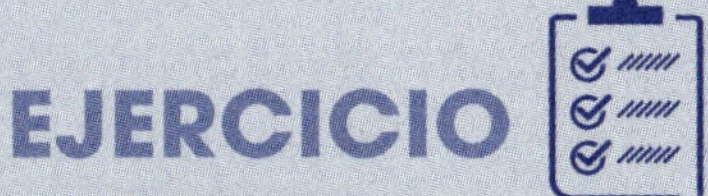

EJERCICIO

¿Qué es *fidelidad* para nosotros?

1. Responde de forma individual:

- ¿Qué significan para mí la fidelidad y la infidelidad?
- ¿Qué significan para mí la lealtad y la deslealtad?

- ¿Qué creencias, traumas o dolores cargo frente a la infidelidad?
- ¿Qué es lo que más me dolería de que tuvieras sexo con otra persona?

2. Compartan amorosamente sus respuestas y escúchense sin juicios.

V. «¿Cómo podemos recuperar el deseo en nuestra pareja?»

Como ya dijimos, la libido responde a los múltiples cambios y a las fluctuaciones que experimentamos con nuestro cuerpo, nuestra pareja y nuestra vida. Por eso, muchos de los desafíos sexuales que enfrentan las parejas no tienen nada que ver con el sexo como tal, sino más bien con la dinámica que hay entre las dos personas que conforman la pareja. De ahí que en los protocolos de terapia sexual muchas veces lo primero que se sugiere a la pareja es suspender el coito y el orgasmo para avivar el deseo, el erotismo creativo. Esto es porque se entiende que la libido no siempre nace del contacto físico; puede activarse por una conversación, una mirada, una risa compartida, una complicidad emocional.

Es natural que, en la etapa de la consolidación del vínculo, la libido se sienta más elevada, mientras que, en las etapas de conflicto o transformación, pueda silenciarse. Aunque el amar siga intacto, las crisis, el cansancio, los silencios, pueden bloquear temporalmente la libido. Lo esencial es comprender que esta ni se extingue ni se pierde, solo se silencia y se repliega cuando no encuentra lugar para expresarse. La buena noticia es que basta con abrir el espacio, permitir el juego, alimentar la complicidad para que el fuego vuelva a encenderse. ¿Cómo? Aquí te dejo algunas ideas:

1. **Con espacio**
   Desear requiere poder mirar al otro desde lejos. La fusión mata el desear; la autonomía lo enciende.

2. **Con libertad**
   El desear muere donde nace la exigencia.

3. **Con juego, creatividad y presencia**
   El desear vive en el lenguaje, en las miradas, en el humor, en la sorpresa, en la intimidad emocional. Cuando hay tiempo, presencia y escucha, el desear florece.

4. **Con conversación erótica emocional**
   El erotismo empieza afuera de la cama, en cómo nos hablamos, cómo nos miramos, cómo nos abrimos en presencia del otro desde nuestra verdad. Desde la verdad de cada quien.

5. **Con conciencia de nuestros bloqueos**
   Exploren qué hay debajo de la falta de libido: enojo, trauma, culpa, desconexión o saturación. Para desear, se necesita espacio interno y emocional.

A continuación, sugiero algunos ejercicios para recuperar el deseo en diferentes etapas de la vida y la relación. Ten en cuenta los cinco puntos anteriores a la hora de ponerlos en práctica.

PRÁCTICAS INDIVIDUALES SUGERIDAS PARA RECUPERAR EL DESEO

EN LA JUVENTUD (20-30 AÑOS)

- **Desafíos comunes:** Presión por «rendir» o «hacerlo bien».
- **Claves para reconectar:** Explorar sin etiquetas, sin culpa, sin «deber ser». Con deseo y acuerdos explícitos.
- **Práctica sugerida:** Escribe una «lista de lo que sí» (lo que sí te enciende, sí deseas, sí te gustaría probar, sin pensar en lo que espera el otro).

INICIO DE UNA RELACIÓN

- **Desafíos comunes:** Miedo al juicio, expectativas de desempeño.
- **Claves para reconectar:** Explorar sin exigencia, hablar más que actuar.
- **Práctica sugerida:** Reflexiona acerca de los mitos y las creencias que logran atemorizarte cuando te acercas a otra persona. Busca alternativas para transformar esas creencias limitantes. Por ejemplo: «Soy mucho más que un cuerpo, soy un ser humano completo».

CONVIVENCIA O CRIANZA

- **Desafíos comunes:** Rutina, cansancio, roles funcionales.
- **Claves para reconectar:** Darse espacio, recuperar la complicidad, dejar de esperar tener «ganas inmediatas» y abrir espacio para el juego.

- **Práctica sugerida:** Agendar un «encuentro erótico no sexual» de mínimo 30 minutos de juego, masaje, mirada, sin presión de llegar a nada.

CRISIS, DISTANCIA O DUELO

- **Desafíos comunes:** Bloqueo corporal, desinterés, heridas no habladas.
- **Claves para reconectar:** Volver al cuerpo desde la ternura, sin presión ni exigencias.
- **Práctica sugerida:** Crear un espacio propio sensual (música, olores, texturas) para volver a habitar tu cuerpo como lugar seguro.

MADUREZ Y CUERPO CAMBIANTE

- **Desafíos comunes:** Cambios hormonales o físicos.
- **Claves para reconectar:** Erotismo lento, piel presente, menos técnica más conexión.
- **Práctica sugerida:** Asistir a espacios de placer con masajes, aromas, música, comidas exquisitas, reconectar con el placer de vivir.

CANSANCIO, RUTINA Y LARGO TIEMPO JUNTOS

- **Desafíos comunes:** Erotismo mecánico o dormido.
- **Claves para reconectar:** Fantasías compartidas, nuevos escenarios, volver al juego.
- **Práctica sugerida:** Planear vacaciones novedosas en lugares donde se exalte el placer de vivir mediante el desarrollo del placer en los 5+2 sentidos. Construir una bitácora con las circunstancias o los eventos que te den placer en cada uno de los sentidos.

CAPÍTULO 4

CONSTRUIR UN LUGAR CONFIABLE

(FAMILIA)

Los seres humanos somos profundamente sociales y, a la vez, intensamente individuales. Por un lado, tenemos el interés de sentirnos únicos y ser independientes y, por el otro, un impulso biológico por pertenecer; de ahí que formemos tribus, comunidades y familias. Nos desarrollamos hacia dentro y nos ratificamos a través de la mirada del otro.

Esta naturaleza dual del ser humano se evidencia con mucha claridad en la relación de pareja. Cuando elegimos a otro para compartir la vida, abrimos un espacio que es a la vez íntimo y compartido. Necesitamos sentirnos parte del vínculo y, al mismo tiempo, saber que conservamos nuestra libertad y nuestro espacio propio. Deseamos compartir la vida, pero sin dejar de ser quienes somos. Las dos dimensiones se necesitan mutuamente, y una relación solo es plena cuando ambas están bien nutridas. Cuando una se impone sobre la otra, algo se rompe. Lo sabemos, aunque pocas veces podamos explicarlo. Por el contrario, las parejas más felices y duraderas cuidan de manera consciente ese equilibrio entre lo tuyo, lo mío y lo nuestro.

A diferencia de muchos otros vínculos, el de pareja es uno que se elige. Nace del deseo de dos personas por estar juntas, crecer y construir. La pregunta es «¿Construir qué?». Para algunas personas, sobre todo aquellas que ya han tenido parejas de larga duración y tal vez hijos con alguien más, la respuesta puede ser tan simple como «Construir una vida de disfrute donde nos acompañemos y apoyemos mutuamente»; sin embargo, es bastante común que en algún momento surjan preguntas del tipo: «¿Queremos tener hijos?, ¿queremos tener familia?». Entonces, la conversación adquiere una profundidad distinta, pues para construir una familia consciente es importante reflexionar, hablar, nombrar los miedos, los anhelos, las diferencias y hacer acuerdos. Porque no existen familias felices sin acuerdos claros y tampoco hay acuerdos claros sin conciencia.

Ahora bien, ¿qué es con exactitud «una familia»?, ¿a qué le damos ese nombre hoy en día? Para muchas personas, la respuesta está mucho más allá de los moldes heredados. Durante años, el modelo convencional: papá, mamá, hijos, se impuso como sinónimo de éxito afectivo; sin embargo, hoy cada vez más parejas están eligiendo formas distintas de habitar el amor, sin seguir un guion impuesto. Y no necesariamente porque rechacen la idea de «familia», sino porque desean crear una que se parezca a ellos, no a lo que otros esperan.

También están los múltiples casos de personas que se encuentran cuando uno o los dos ya tienen hijos con exparejas y están buscando la manera de crear una nueva familia a su medida. La cantidad de combinaciones posibles es hoy mucho mayor de lo que podía serlo hace cincuenta años y eso obliga, quizá, a ampliar la pregunta de «¿Elegimos tener hijos?» a «¿Qué tipo de familia deseamos ser?».

Algunas son familias sin hijos, otras lo son aunque vivan bajo techos distintos. Unas más surgen después de una pérdida, otras al integrar hijos de vínculos anteriores. Las hay formadas entre amigos, hay familias extendidas o reconfiguradas. Esto implica que los tipos de familia son infinitos y que tú y tu pareja pueden elegir, también en este tema, un modelo a su medida.

Lo que define a una familia no es su forma, sino su fondo: la elección de cuidar, sostener y pertenecer.

Una familia se define por mucho más que su número de miembros, por un formato específico o quién cumple qué rol de género en la casa. Se define por el modo en que las personas se eligen para compartir el cuidado, la ternura, la pertenencia. Lo que importa es, pues, la manera en que el vínculo de la pareja se habita.

Así pues, en este capítulo trabajaremos con la idea de que, además de la convencional, hay muchas maneras de ser familia. Por ello, compartiremos algunos recursos que les permitan alejarse del «deber ser» para acercarse a su verdad sobre el tipo de familia que desean construir.

«¿Eliges tener hijos?»: la pregunta del millón

La vida en pareja no necesita hijos para tener sentido ni validarse socialmente. No todos los vínculos necesitan transformarse en familia parental porque la relación de pareja ya es una entidad completa en sí misma. Si aun así, una pareja decide tenerlos, les aconsejo que sea desde el deseo compartido. En mi consultorio veo muchos casos donde esta decisión se toma por las razones equivocadas: por seguir un mandato social o una exigencia del amor romántico, por llenar un vacío, por mantener unido un vínculo que ya está roto, por necesidad a dar «el siguiente paso», etc. Antes, era común embarazarse pensando que un hijo sería el remedio milagroso para un matrimonio estancado o una vida sin sentido. Hoy sabemos que los hijos no arreglan grietas, solo las reflejan. Si algo no funciona sin ellos, con ellos solo será más visible.

A veces, en el deseo de tener un hijo se cuelan traumas o dolores emocionales sin resolver, pero decidir amar es diferente que elegir ser amado. Desear cuidar es diferente que intentar reparar la propia historia por medio de otra vida. Fecundar es diferente que estar listo para acompañar una infancia. La crianza es un camino que exige presencia, tiempo, flexibilidad y responsabilidad emocional. Además, hay que estar sumamente conscientes de que todo cambia con la llegada de un bebé: el vínculo pasa de ser un sistema de dos a uno de más personas, con necesidades afectivas, económicas, emocionales y existenciales diferentes al anterior. Y si como pareja no están listos, si hay poco espacio para los dos sistemas (relación de pareja y familia) en paralelo ni privacidad, la relación se tensa.

Tener hijos está lejos de ser un destino biológico o un paso obligatorio. En el mejor de los casos, es una decisión adulta, libre y revisada.

Por eso, antes de hacerlo, reflexionen si están preparados para abrir un espacio nuevo en la vida y en el corazón para alguien más. Por ejemplo, piensen si el vínculo es lo suficientemente sólido y lo que se ha construido sin hijos es estable. Esta certeza la da el contrato familiar. **La verdadera pregunta no es, pues, si queremos tener hijos, sino si estamos dispuestos a convertirnos en padres y, en caso de que así sea, qué tipo de padres queremos ser.** Contestar esto requiere de mucho más que entusiasmo: se requiere mucha madurez y profundidad.

A continuación, te comparto algunas preguntas valientes, incluso incómodas, que te ayudarán a contestar con honestidad las interrogantes sobre una potencial paternidad.

Preguntas reflexivas

Reflexiona estas preguntas de manera individual y comparte tus hallazgos con tu pareja si así lo deseas. Responderlas con honestidad es un acto de amor, no solo con la pareja, sino con su posible hijo.

- ¿Quiero formar contigo una familia, además de una pareja? ¿Por qué y para qué?
- ¿Estoy dispuesto a convertirme en padre/madre?
- ¿Qué tipo de padre/madre me gustaría ser?
- ¿Creo, aunque sea un poco, que un hijo va a reparar algo en mi interior, en mi vida o en mi relación de pareja?
- ¿Es nuestro «nosotros» un espacio suficientemente sólido y amoroso como para sostener otra vida?
- ¿Creo que estoy en condiciones de acompañar a un hijo con ternura y presencia?
- En mi decisión de tener un hijo, ¿hay algo de necesidad de sentirme amado, trascendente o importante?
- ¿Realmente deseo un hijo o me he convencido de que lo quiero por mandatos familiares o culturales?

Si deciden que sí quieren tener hijos, mi consejo es que también conversen sobre la manera en que quisieran educarlos. El tema de la crianza es, sin duda, uno de los más delicados dentro de los contratos familiares. A menudo, las personas se encuentran con que conciliar ciertas opiniones distintas era relativamente sencillo cuando eran solo pareja, pero eso cambia cuando hay hijos de por medio y esas opiniones inciden en la crianza.

Desde mi mirada, *educar* no significa formar, moldear, imponer ni controlar, es acompañar con conciencia, presencia y ternura el desarrollo de una identidad autónoma. Es crear las condiciones para que nuestro hijo pueda ser quien es y vaya siendo y expresándose en libertad; es entregarle los recursos para que pueda explorar con confianza y equivocarse. Los hijos no son extensiones de la pareja ni vienen a cumplir sus expectativas: vienen a vivir su propia vida.

Aquí lo fundamental es entender que **ambos padres pueden pensar distinto, pero que lo importante es aprender a educar en equipo desde la diferencia.** Para eso se requiere de conversar, reflexionar y llegar a acuerdos claros. Empezamos, de nuevo, por reconocer que cada uno tiene su propia historia, sus creencias, heridas y estilos de aprendizaje; se necesita acordar qué valores son imprescindibles dentro de la crianza, aunque después disten en las formas. Por eso, es importante que antes de traer un hijo al mundo, como pareja tengamos clara la compatibilidad entre nuestras visiones del mundo, como lo vimos en el primer capítulo de este libro. Si hay compatibilidad en lo elemental, será más fácil llegar a acuerdos claros, amorosos y flexibles en lo demás. La crianza no se trata de hacerlo todo perfecto, sino de hacerlo juntos, desde un lugar consciente, con la intención de sostener al hijo y acompañarlo a construir su identidad. Cuando se ve así, la crianza deja de ser un lugar de batalla y se convierte en una oportunidad de expansión para la pareja.

A continuación, te propongo un ejercicio profundo que te permitirá revisar qué trae uno, qué trae el otro y qué desean crear juntos. Entenderás cuál es tu historia de infancia y construirás con tu pareja un acuerdo de crianza consciente basado en conciencia, compatibilidad y cuidado mutuo. Puedes hacerlo antes de decidir tener hijos o si ya los tienes.

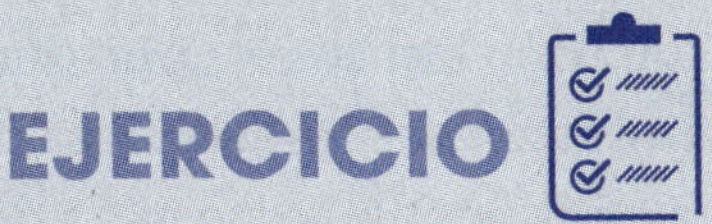

Nuestra historia, nuestra crianza

Paso 1: Nuestra infancia

Respondan de forma individual y honesta:

- ¿Qué es lo que más agradezco de la forma en que me criaron?
- ¿Qué me dolió o me gustaría que hubiera sido distinto?
- ¿Qué creencias sobre la autoridad, el amar, el castigo o la libertad heredé de mi infancia?
- ¿Qué me prometí dejar atrás?
- ¿Qué modelos me inspiran hoy para educar?

Paso 2: ¿Qué deseamos cuidar en nuestra crianza?

Compartan sus respuestas del paso anterior y reflexionen juntos sobre estas preguntas:

- ¿En verdad deseamos construir un proyecto de crianza compartida, con todo lo emocional, económico y existencial que eso implica?
- ¿Qué valores elegimos sembrar en nuestros hijos?
- ¿Qué límites consideramos saludables?
- ¿Desde qué lugar emocional, vincular y ético decidimos educar?
- ¿Qué tipo de presencia emocional decidimos ofrecer?
- ¿Qué no quisiéramos replicar de la crianza que tuvimos?
- ¿Qué herramientas podríamos desarrollar o aprender?

Paso 3: Acuerdo de crianza compartido

Redacten juntos un primer borrador de su acuerdo de crianza sin preocuparse de si es perfecto o el final, pues puede ir mutando con el tiempo. Más que firmarse con tinta, se hace con la voluntad cotidiana de criar con conciencia y ternura. Más que buscar rigidez, se persigue una dirección compartida. Algunas frases que pueden usar como guía son estas:

- «Nos comprometemos a criar con... (amor, paciencia, límites claros, juego, presencia...)».
- «En momentos de conflicto, acordamos... (respetarnos, escucharnos, buscar ayuda si hace falta...)».
- «Recordaremos que educar es... (acompañar, no controlar / permitir explorar / modelar desde el ejemplo...)».

El contrato de familia es distinto al contrato de pareja

Hace algunos días estaba en terapia con una pareja muy estable y bonita que acababa de tener gemelos. Como ya tenían una hija de 4 años que también necesitaba ser atendida, la solución a la que llegó la pareja era que el papá se dedicara a la niña, mientras la mamá se dedicaba a los recién nacidos. El acuerdo que en un principio parecía razonable, empezó a afectarle a la mujer cuando se sintió desplazada, pues todo lo que el esposo hacía antes con ella, ahora lo hacía con la niña. En sus palabras, sentía que la nueva pareja de su esposo ahora era la hija.

—¿Dónde sientes que está ahora tu papel de mujer? —le pregunté.

—Bueno, es que ya no tengo un hombre para quien ser mujer, porque mi esposo está haciendo pareja con mi hija. Entonces, ¿cómo saco a la mujer?

—Pues, sacándola —le dije—. Él no va a tener el poder de sacarla. Tú sacas a esa mujer y la ofreces a ese hombre.

Llevar a la pareja al terreno del parentesco y quedarnos solo con la sensación de estabilidad y pertenencia convierte al otro en un espacio demasiado familiar que nos impide desearlo. Porque, como decíamos en el capítulo de sexualidad, la fusión aplasta el deseo, y entonces, el hogar se vuelve funcional, pero vacío. El erotismo requiere de misterio y separación para mantenerse vivo. En el concepto de la familia convencional, es muy común que cuando llegan los hijos se olvide la pareja y el rol de padres marque los tiempos, las decisiones y la configuración del hogar.

Muchas veces usamos la palabra *pareja* para hablar de proyectos que en realidad ya se han transformado en algo muy distinto: una familia, un sistema de convivencia, una red de obligaciones cotidianas. Y eso está bien, siempre y cuando sea lo que elegimos y acordamos. Pero si lo que anhelamos es poder conservar y seguir nutriendo el vínculo de pareja, además del de padres, es fundamental separar los acuerdos. Esto significa entender que una cosa es el contrato de familia que tenemos como padres, y otra el contrato que tenemos como pareja. Mientras que el primero se sustenta en la estabilidad, la pertenencia, la certeza y el cuidado; el segundo se nutre de la elección, el erotismo, la diferencia y la novedad.

Veámoslos en detalle

El contrato familiar incluye el impulso de satisfacer la necesidad del nido, es decir, la estabilidad, la estructura, el cuidado y la seguridad. Y aunque no existe la seguridad como tal, porque todo en la vida es incertidumbre, la sensación de estar seguros es relevante y se inserta en el campo de lo filial. Está basado en el parentesco, ya sea de sangre o elegido.

Los pilares que lo constituyen son:

- Estabilidad: un espacio constante al que puedo volver.
- Estructura: reglas y límites claros, cuidado mutuo.
- Pertenencia: la certeza de que tengo un lugar al que puedo regresar, carente de sorpresa o conquista.

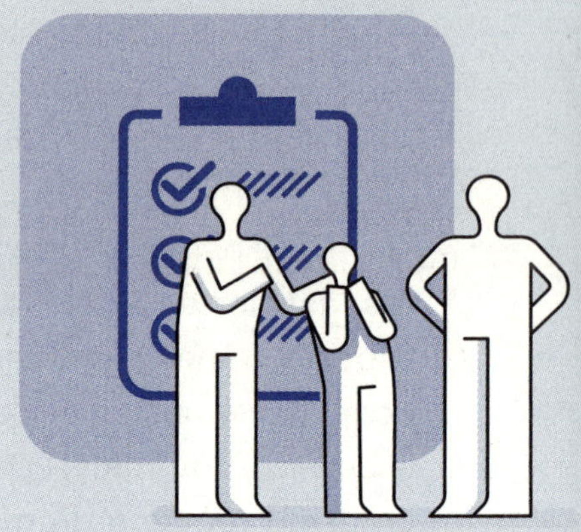

El contrato de pareja existe en el deseo, la novedad, lo erótico y la curiosidad. Está fundado en la elección libre, consciente y cotidiana del otro y se sostiene sobre un elemento muy particular: la seducción, esto es, mirar al otro como si lo viéramos por primera vez, como un misterio. Este desconocimiento implica todo lo nuevo, es donde se da el encuentro erótico que mantiene viva la relación de pareja.

Los pilares que lo constituyen son:

- Aventura: crear experiencias para evitar la rutina
- Sorpresa e incertidumbre: alimentar el misterio, el juego, el desear
- Erotismo emocional: conexión energética, sensorial, vital
- Elección diaria
- Misterio

Contratos vinculares
Familia vs. pareja

ASPECTO	CONTRATO DE FAMILIA	CONTRATO DE PAREJA
Fundamento	Parentesco, pertenencia, cuidado incondicional	Elección mutua, deseo, vínculo electivo
Se cultiva con...	Estabilidad, estructura, previsibilidad, cuidado	Sorpresa, misterio, seducción, aventura
Tipo de seguridad	Nido cierto: siempre puedo volver	Incierto: te elijo cada día, pero puedo irme
Dinámica emocional	Protección, contención, repetición	Deseo, novedad, tensión vital
Rol esperado	Ser refugio, sostén, base emocional	Ser amante, compañero, espejo erótico y existencial
Relación con el tiempo	Permanente, incondicional (en lo ideal)	Renovable, activa, sin garantías
Riesgo si se confunden	Apagamiento del deseo, relaciones funcionales, pero vacías	Exigencias emocionales desubicadas o falta de estabilidad

Como ves, ambos contratos responden a maneras completamente distintas de amar y requieren elementos diferentes, a menudo contrarios, para florecer. Cada uno nutre una parte distinta del vínculo, y ambos necesitan ser honrados. Por eso, cuando los confundimos o los fusionamos sin darnos cuenta, el deseo comienza a desdibujarse, la estructura familiar se vuelve rígida y el vínculo de pareja pierde emoción. La relación de pareja corre entonces el riesgo de convertirse en un hogar funcional, pero sin vida. Se vuelve una familia sin encanto, sin aventura. **Cuando dejamos de ser amantes para transformarnos en cuidadores, muere el deseo.**

Si la rutina ya mata el deseo, más lo aniquila la idea de que podemos prescindir de la sorpresa.

¿Cómo separar los dos contratos entonces?, te preguntarás. En el ejemplo de la pareja con los gemelos que comenté, los padres podrían, por ejemplo, determinar que la casa y el horario diurno sean de la familia, pero que la recámara principal y el horario nocturno sean terreno exclusivo de la pareja. De este modo, ambos contratos tienen su espacio y lugar, y les recuerdan constantemente que, además de ser padres, siguen siendo una pareja deseante y viva.

En cualquiera que sea el caso, la propuesta es mantener vivos y separados los contratos de la pareja y de la familia, permitiendo que se nutran entre sí, en lugar de ser un obstáculo mutuo. Hacerlo de esta manera nos ayuda a vivir la estabilidad de la familia y el deseo de la pareja en armonía. Así, cuando esto ocurre, nos sentimos más plenos como padres y, por supuesto, como amantes.

Dos contratos, dos territorios

1. Dibujen un mapa de su hogar e identifiquen con colores qué espacios representan su rol de pareja (privacidad, erotismo, juego, conversación) y cuáles su rol familiar (crianza, estructura, nido).

2. Pónganle un nombre simbólico a cada uno, luego compartan lo que notan: ¿hay equilibrio?, ¿hay espacios compartidos?, ¿qué podrían volver a acordar?

La familia extendida: entre el amor y los límites

Uno de los acuerdos más sensibles dentro de la vida en pareja es el que involucra a nuestras familias de origen: padres, madres, hermanos, primos, abuelos... todos forman parte de un sistema afectivo que llevamos con nosotros desde antes de conocernos como pareja. Y aunque no podemos —y muchas veces no elegimos— cortar esos lazos, sí es importante redefinirlos, ya que una relación amorosa sana no consiste en sumarse sin cuestionamientos a la familia del otro ni tampoco en pretender que el otro rompa con el sistema familiar al que pertenece, sino en aprender a compaginar dos historias diferentes, con límites claros, acuerdos respetuosos y mucha conversación.

Hay personas que siguen funcionando, incluso ya viviendo en pareja, como si la familia de origen fuera su eje principal: se espera que los domingos sean para almorzar con los padres, que las vacaciones se planifiquen con los hermanos, que las celebraciones se hagan «como siempre se han hecho», etc. Muchas veces damos por hecho que nuestra pareja debe integrarse a nuestro sistema familiar como si fuera el suyo; esperamos que se lleve bien con los nuestros, que nos acompañe a todos los eventos y, a veces, hasta que conviva con nuestros padres cada fin de semana o durante las vacaciones. Si ese es el deseo de nuestra pareja, maravilloso, pero **el problema es que muchas veces es otro, y ni siquiera se lo preguntamos; lo asumimos como una de las obligaciones del rol de pareja.** Y esto hace mucho daño en las relaciones, pues ahí, más que acuerdos, hay imposiciones disfrazadas de tradición.

Entonces, cuando uno de los dos empieza a cuestionar la forma en que se hacen las cosas («¿Por qué evitamos hacer algo solos?», «¿Qué tal si pasamos Navidad solo tú y yo?»), la otra parte puede sentirse incómoda porque le quieren cambiar lo que ha hecho siempre, o culpable por sentir que está traicionando a su familia.

Este conflicto aparece, sobre todo, porque faltó hacer un acuerdo claro sobre el rol que juega la familia extendida en la nueva vida compartida. Es completamente natural que amemos a nuestros padres o que disfrutemos la compañía de nuestros hermanos. Lo que es menos saludable es que ese amor impida que construyamos nuestro propio espacio de dos. **Nuestra relación de pareja puede dejar de girar en torno a las costumbres de las familias de origen, para hacerlo alrededor de un nuevo mapa que diseñamos juntos.** Podemos seguir respetando a nuestros padres y hermanos, sin replicar sus modos, tan solo agradeciendo la historia que vivimos juntos sin dejar de escribir la nuestra.

Por supuesto, esto significa algo muy distinto de cortar relaciones o levantar muros frente a la gente que amamos. Solo se trata de poner límites amorosos a ellos y entre nosotros, como pareja.

Te comparto un ejemplo de cómo podría ser un diálogo al respecto:

Digamos que Pedro y Clara llevan varios fines de semana seguidos yendo a compartir tiempo con la familia de él y ella ha empezado a sentirse incómoda con esa situación. Un día, Clara decide abrir la conversación diciendo:

—Amor, quiero hablar de algo que me incomoda desde hace tiempo. Siento que casi todos nuestros fines de semana giran en torno a tu familia, y aunque entiendo que los amas y que te gusta estar con ellos, me gustaría tener más espacio para nosotros.

Pedro, que no lo había notado, pues para él pasar los domingos con sus padres era algo natural, casi en automático, le dice:

—No sabía que sentías esto. Como así ha sido toda mi vida, no me lo había cuestionado. Me gusta que estemos con ellos, pero no me había percatado de que eso estaba dejando poco lugar para nosotros dos. ¿De qué manera te sentirías más cómoda?

Así, en vez de entrar en un juego de culpas o defensas, esta pareja abre la conversación y la posibilidad de acordar, por ejemplo, que un fin de semana al mes lo dediquen solo a ellos, sin planes familiares; que otro sea para ver a los padres de Pedro; que uno más sea para ver a los de Clara, y que el último sea flexible. Así de simple.

Muchas veces, más que la familia en sí, el problema es la falta de diálogo entre la pareja. A veces actuamos por inercia, repitiendo rutinas heredadas sin preguntarnos si todavía nos hacen bien. Y ahí es donde empiezan los malentendidos, las discusiones que parecen triviales pero que en realidad ocultan algo más profundo: la expectativa de sentir que nuestra pareja nos elige a nosotros, que de ninguna manera estamos compitiendo por atención o luchando contra lealtades invisibles.

Elegirnos implica, pues, preguntarnos cómo nos gusta relacionarnos con nuestras familias extendidas sin que eso borre los límites de nuestra intimidad. Lejos de ser heredada, una familia adulta se construye sobre un terreno nuevo, honrando los orígenes y las familias de cada uno, aunque eligiendo de manera consciente un nuevo centro: la relación de pareja.

Preguntas reflexivas

Tómense unos minutos para reflexionar juntos sobre las siguientes preguntas. Al finalizar, exploren posibles acuerdos basándose en lo conversado.

- ¿Qué tanto queremos que nuestros familiares formen parte y se involucren en nuestra vida cotidiana?
- ¿Con qué frecuencia nos nutre ver a nuestros parientes?
- ¿A qué tipo de eventos podemos acordar asistir juntos y a qué tipo de eventos está bien que asistamos de forma individual?
- ¿Con quién decidimos pasar las fiestas?
- ¿Qué lugar le daremos a cada familia sin perder nuestro centro?
- ¿Cómo podemos cuidar del vínculo con los padres sin dejar de priorizar el de nuestra relación de pareja?

Muchas veces sucede que, bajo la exigencia social, interpretamos como falta de amor que nuestra pareja prefiera ya no asistir a los eventos familiares, pero aquí yo los invito a cuestionarse, en realidad, ¿qué tan importante es para ti que tu pareja te acompañe si el deseo de tu pareja de asistir es poco genuino?, ¿por qué deseas que te acompañe, aunque sea de mala gana? Plantéate: «¿Qué estoy pretendiendo demostrar con esto y a quién?». **Lo más importante que puedo decirte respecto a esto es que forzar la presencia del otro no es una buena idea. Lo mejor es respetar sus ritmos y deseos, sin exigencia o manipulación.**

Y si después de hacernos las debidas preguntas descubrimos que sí es importante para nosotros que nuestra pareja nos acompañe, podemos abrir la conversación, preguntarle por qué prefiere dejar de ir y, a su vez, exponerle por qué nos gustaría que esté con nosotros. Por ejemplo:

—Es la boda de mi primo y me hace ilusión celebrar el amor contigo.

Pero, ojo, es importante saber que esto no lo hacemos para manipular al otro ni esperando el resultado concreto que deseamos. Lo hacemos, simplemente, para abrir el diálogo con nuestra pareja y llegar a acuerdos que beneficien a ambos.

Una familia es distinta de lo que se hereda; es lo que se cultiva cada día, desde la elección, la conciencia y el cuidado mutuo.

Que algo sea importante para nosotros no significa que para el otro tenga que serlo. Esta es una verdad que a casi nadie le gusta escuchar porque nos han enseñado que el amor es sacrificio y que uno haría cualquier cosa por hacer feliz a la persona que ama. Error. Te recuerdo, como decía en la introducción, que todo lo que se hace desde el sacrificio se cobra. Y lo que podemos elegir es una pareja que esté con nosotros desde el deseo y la libertad, no desde la obligación.

Volviendo al ejemplo anterior, supongamos que la pareja no quiere ir a la boda porque ese mismo día se estrena la obra de teatro en la que actúa una amiga suya. En ese caso, un posible acuerdo podría ser:

—Ok, entiendo por qué es importante para ti y, desde el deseo, elijo acompañarte a la parte de la ceremonia y después irme a la obra de teatro de mi amiga, mientras tú te quedas en la boda a disfrutar del resto de la fiesta.

Como ves, la resolución busca la manera de acomodar los deseos y las necesidades de ambas partes sin que ninguno de los dos se sacrifique por el otro, encontrando los terrenos en común donde ambos pueden ser felices sin comprometer su libertad.

El reto de las familias reconstituidas

En el mundo de hoy es muy común ver familias reconstituidas, esto es, por ejemplo, cuando un miembro de la pareja tiene hijos que vienen de un vínculo anterior o cuando ambos tienen hijos fuera de la relación que se desea cultivar. Este es un tema complejo, hay que aceptarlo, porque lo que ocurre con regularidad es que se intenta meter dos familias en un mismo espacio y lo que resulta es que todos terminan sintiéndose hacinados. En el primer caso, la clave es construir un nuevo sistema que involucre a todos los miembros; donde cada uno tenga su espacio físico y emocional, es decir, donde todos se sientan vistos.

En el segundo caso, es importante entender que, tarde o temprano, la parte sin hijos comenzará a sentirse en desventaja porque, a sus ojos, la relación de pareja tiene una prioridad diferente, al menos en apariencia, que la del padre o de la madre con sus hijos. Habrá momentos, por ejemplo, en los que se tengan que posponer encuentros de pareja porque un niño se enfermó o tuvo problemas en la escuela. Esto es así, incluso si la parte sin hijos intenta convertirse en una buena figura materna o paterna. Además, los hijos rara vez aceptan a la nueva pareja; no necesariamente porque tengan algo en contra de ella, sino porque es difícil entender por qué de repente se les pide tener una relación estrecha con un extraño: «¿Cuál es el lugar que yo tengo en esa relación? ¿Quién es esta persona que trajo mi papá y no es mi mamá?». El esfuerzo que podrían hacer para aceptar a una persona que, en principio tiene poco o nada que ver con ellos, es inmenso, y muchas veces, según las circunstancias personales de cada niño, les es físicamente imposible.

Los pocos casos de éxito que conozco con esta configuración han funcionado cuando la parte sin hijos evita sustituir a la madre o al padre ausente, y cuando se logra construir un nuevo sistema en donde todos los miembros de la nueva familia pueden vivir en paz siendo ellos mismos. Esto último es la clave en los dos casos que vimos en este apartado. Por supuesto, aquí no hay fórmulas, pues el nuevo sistema tiene que modelarse a la medida, poco a poco, probando qué funciona y qué no.

Para mí, el paso seguro, por decirlo de alguna manera, es que cada uno viva en su propia casa con sus hijos o la parte que los tiene. **Pueden seguir compartiendo y cultivando la relación con las familias de ambos y dejar pasar el suficiente tiempo para que, tanto los niños como los adultos, puedan encontrar un lugar cómodo para sí mismos dentro de la familia.** Los niños, en especial, precisan tiempo para adaptarse a lo nuevo, y esto es algo que, por más sorprendente que parezca, muchas veces los padres ignoran.

La convivencia, un lenguaje afectivo

Cuando hablamos de acuerdos familiares, la convivencia cotidiana ocupa un lugar central. La manera en que habitamos el mismo espacio revela nuestras prioridades, nuestros límites y las formas de cuidado que elegimos. Más allá de la logística práctica —quién lava los platos, quién saca la basura o a qué hora nos vamos a dormir—, **la convivencia es la construcción de un espacio emocional compartido, donde el hogar es más que un lugar físico; se trata de un lenguaje común.**

Decidir vivir juntos empieza con un cambio de domicilio, al menos de una de las partes. Y aunque a veces lo pasamos por alto, el espacio físico en sí tiene un peso fundamental en el bienestar del vínculo. Es diferente convivir en una casa donde cada uno puede tener su rincón, que en una donde se choca todo el tiempo con la rutina del otro. Por eso, cuando dos personas se plantean vivir juntas, también podrían preguntarse si el espacio en el que lo van a hacer es suficientemente amplio como para que la intimidad de cada uno sea respetada, para que existan momentos de encuentro, pero también refugios de soledad. Una casa es un sistema vivo de energías, movimientos, objetos y rutinas. Allí se juega la vida cotidiana: quién cocina, quién lava, quién se ocupa de sacar la basura, de comprar el pan, de cambiar la toalla del baño. Todo eso moldea el ambiente emocional de un hogar.

Aunque sean acciones prácticas, las tareas domésticas también son gestos afectivos. Por ejemplo, si uno tiende la cama o guarda los platos, en el fondo no lo hace solo para que la casa esté ordenada, sino pensando en que el hogar sea un sitio agradable donde estar. El gran error —sobre todo en las parejas cisheteronormadas— es creer que alguien «colabora», como si el trabajo del hogar fuera tarea de uno y el otro solo «apoyara». El hogar es un proyecto común, y si se quiere que funcione, debe gestionarse desde la equidad.

Aprender a convivir va más allá de compartir un techo; es construir un hogar que refleje lo que ambos necesitan para sentirse cómodos y en armonía.

Dividir tareas en realidad podría ser bastante fácil, si en lugar de repartir «obligaciones» por igual, se busca que cada tarea más o menos encaje con el talento del otro o con lo que más desee (o le dé menos flojera) hacer. Por ejemplo, en la pareja hay una persona a la que le encanta cocinar, le gusta hacer las compras y elegir los mejores productos, ordenar el refrigerador y seguir recetas; esa persona podría decir: «Cariño, no te preocupes, yo me encargo de la cocina. Tú ocúpate de recoger la mesa después de comer».

O si hay uno de los dos que no soporta ver la cama sin tender, mientras que al otro no le importa, el primero podría encargarse de esa labor todos los días, sin recriminarle al segundo que no lo haga. Lo que pretendo decir con esto es que, a veces, las formas de organización en un espacio determinado se resuelven de maneras orgánicas, cuando cada uno se hace responsable de su bienestar y, al mismo tiempo, desea cuidar del vínculo.

En los casos donde la diferencia de hábitos es tan grande que es difícil llegar a un acuerdo claro, pueden buscarse alternativas. Por ejemplo, si alguien se resiste a cambiar conductas básicas —como dejar la ropa sucia tirada por toda la casa— y eso genera conflicto constante, se puede buscar una solución práctica: quien evite recoger, pagará a alguien, de sus ingresos personales, para que se ocupe de recoger el desorden. Y esa decisión debe ser acordada en conjunto. Porque cuando las cosas se callan, se filtran por el cuerpo: aparece el enojo pasivo, el fastidio silencioso y la crítica en voz baja. Recuerda: todo lo que no se acuerda, tarde o temprano se cobra.

Con los hijos, solemos tener más claridad a la hora de hacer acuerdos de convivencia, pues desde el inicio entendemos que educar es poner condiciones para convivir mejor, es enseñarles que **toda conducta tiene una consecuencia**. Pero con la pareja esto se vuelve más complejo, porque la relación no puede estar basada en jerarquías, debe haber horizontalidad. Por eso, hay que aprender a conversar sobre este tema, sin imponer, sin regañar ni exigir. Es importante poder pactar sin demandar, así como sostener acuerdos sin perder libertad.

A continuación, te comparto un ejercicio que puede ayudarlos a hacerlo:

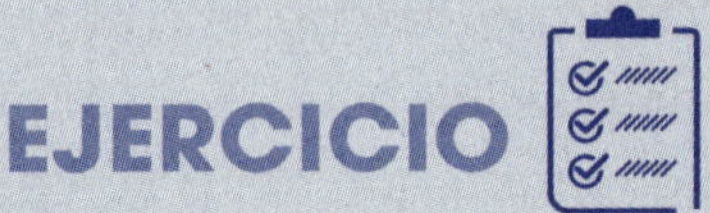

Una lista para la paz mental

1. Escriban una lista con todas las actividades que se necesitan en una casa para la sana convivencia de la pareja o de la familia.

2. Numeren esa lista, luego tómense un tiempo para conversar y cada uno elija por turnos un número de la lista que prefiere hacer hasta que se complete la división de tareas entre ambos.

3. Si hay alguna tarea de la lista que ninguno de los dos desea hacer, pueden sopesar alternativas:

   - Lanzar una moneda al aire y que el que pierda lo haga.
   - Pagar a otra persona para que cumpla con esa tarea.

4. Si alguno decide que prefiere evitar cumplir con su parte de la lista, puede pagar a otra persona con sus ingresos personales para que la haga.

Lo importante, más que encontrar una fórmula, es cultivar la conciencia del cuidado y la intención amorosa que hay detrás. **Quien sabe convivir, cuida. Y quien cuida, organiza, pregunta, anticipa, se responsabiliza.** Cuando las dos partes de la pareja tienen esta conciencia, el hogar se convierte en un refugio, en lugar de ser un campo de batalla. La casa, al final, es más que solo un lugar donde se vive: es el sitio donde se ama. Y aprender a cuidarla juntos es también aprender a cuidar la relación de pareja.

CAPÍTULO 5

EN EL DAR ESTÁ EL RECIBIR

(DINERO Y FINANZAS)

Una de las razones por las que son más comunes los rompimientos de las parejas es el dinero: la forma en que se gasta, las cosas en las que se invierte, la manera en que se dividen los gastos, si uno gana más que el otro, si hay suficiente o hay muy poco, etc. Es un tema tan regular en terapia de pareja, que me sorprende que aún haya tantas parejas que eviten a toda costa hablar sobre él. Existe una creencia cultural y, a mi modo de ver anticuada, según la cual hablar de dinero con la pareja es inapropiado, frío, poco romántico o hasta de mal gusto. Es como si hablar de lo económico ensuciara el amar, cuando en realidad ocurre todo lo contrario: se vuelve un acto de madurez vincular que nos permite cuidar lo que sostiene la relación en lo cotidiano y sacar a la luz dinámicas de poder, dependencia o desigualdad.

Por eso, hablar del dinero con la pareja va mucho más allá de conversar sobre cómo se van a repartir los gastos. **No se trata solo de administrar una cuenta común, sino de construir una vida en común.** Y, para eso, necesitamos algo más que amar: se requiere de la verdad y de acuerdos explícitos. En este capítulo, profundizaremos en ello.

Dime cómo eres con el dinero y te diré cómo eres en el amar

A primera vista, el dinero y el amar parecen habitar mundos distintos: el primero pertenece a lo práctico, mientras que el otro pertenece a lo emocional. Sin embargo, en mis muchos años como terapeuta, he observado que las dos cosas funcionan de manera muy similar: ambos son lenguajes energéticos, relacionales y simbólicos; ambos revelan cuánto creemos merecer y nos valoramos; ambos hablan de qué estamos dispuestos a dar, qué pretendemos recibir y cuánto podemos retener y sostener. Piénsalo por un instante.

Así como la cantidad de dinero que somos capaces de generar está directamente relacionada con el valor que sentimos que aportamos al mundo, la calidad del amor que somos capaces de recibir está íntimamente ligada a lo que sentimos que merecemos. Cuando desconocemos nuestro valor, terminamos aceptando migajas: trabajos que nos pagan poco y relaciones que nos hacen daño o son poco nutritivas. Imagina, por ejemplo, una madre soltera desempleada que le pide a su mejor amiga cinco mil pesos para alimentar a sus hijos. Si su amiga le dice que le presta mil, ¿qué crees? ¿Los acepta? Por supuesto que sí. Porque **cuando necesitas, tomas lo que te den.** Y eso no solo ocurre con el dinero: ocurre también con el amor, con el trabajo, con las relaciones. Cuando el automerecimiento es bajo, nos cuesta pedir y nos cuesta aceptar, ya sea ternura, placer o recursos. De igual manera, cuando somos generosos con el dinero, también lo somos en el amor, pues toda generosidad parte del mismo lugar interno: la creencia de que la vida es abundante y la valoración es personal, interna.

DINERO Y AMOR: UNA CONEXIÓN ESTRECHA

ASPECTO	DINERO	AMOR
Cómo se adquiere	Mediante el trabajo, el esfuerzo o la estrategia	Por medio del trabajo, el deseo, el encuentro
Cómo se bloquea	Por miedo a no tener suficiente, por culpa o autosabotaje	Por miedo al rechazo, el trauma, el control o la culpa
Cómo se malinterpreta	Como valor personal o medida de éxito	Como salvación, sacrificio o prueba de merecimiento
Cómo se expresa	Con regalos, presencia material o administración	Con tiempo, ternura, cuidado y erotismo
Cómo se retiene	Por miedo, control o necesidad de superioridad	Por miedo a entregarse, a perderse o a repetir heridas
Cómo se da sanamente	Con límites, conciencia y libertad	Con autonomía, cuidado y responsabilidad afectiva
Herida asociada	Escasez, humillación, desvalorización	Abandono, traición, fusión, invisibilidad
Confusión frecuente	«Si te doy dinero, te amo»	«Si me amas, deberías saber qué necesito sin que te lo diga»
Necesidad común	Reconocimiento, seguridad, validación	Reconocimiento, certeza, validación

La generosidad es una forma de habitar la vida: implica presencia, conciencia y alegría en el dar. Porque quien da dinero desde la culpa y el reclamo casi seguro lo cobrará más adelante de algún modo. Por el contrario, quien lo da gozosamente, se nutre de ese gesto y multiplica así su abundancia interior. Esto solo es posible cuando sentimos que lo que tenemos es suficiente, alcanza y se multiplica. Con el dinero, como con el amar, el dar, el compartir y el convidar deben venir desde el deseo, la verdad y la libertad. En los dos ámbitos, la energía debe circular, moverse, intercambiarse. Por eso, insisto en que la manera en que damos o retenemos el dinero refleja cómo damos o retenemos nuestra energía emocional, nuestra ternura, nuestro cuidado, nuestra presencia y nuestro erotismo. Se trata de encontrar un equilibrio donde podemos fluir con tranquilidad entre el dar y el recibir sin temor a vaciarnos. Y eso solo es posible cuando nos sabemos valiosos y abundantes.

La forma en que nos relacionamos con el dinero dice mucho de cómo nos relacionamos con nosotros mismos, con el otro y con el mundo.

Mis creencias sobre el dinero y el amor

Instrucciones

1. Completen individualmente las frases con lo primero que les venga a la mente. Sean honestos e intenten no racionalizar sus respuestas.
2. Compartan lo que pensaron y observen similitudes, diferencias, repeticiones y contradicciones.

Bloque 1: Dinero

- El dinero me hace sentir...
- Cuando tengo dinero creo que valgo...
- Si me falta dinero, siento que...
- Me cuesta recibir dinero porque...
- Mi pareja debería aportar dinero porque...

Bloque 2: Amor

- El amar me hace sentir...
- Cuando recibo amor creo que valgo...
- Si me falta amor, siento que...
- Me cuesta recibir amor porque...
- Mi pareja debería darme amor de esta forma...

Reflexión final

1. ¿Qué creencias aparecen en ambos bloques?
2. ¿Desde dónde estoy relacionándome con el dinero y con el amor? ¿Desde el deseo o desde la carencia?
3. ¿Qué idea vieja podría soltar para habitar ambas dimensiones con mayor libertad?

El dinero: una historia emocional

«¿Soy suficiente?», «¿Merezco recibir?», «¿Y si entrego lo que tengo y al final me quedo sin nada?», «¿Cuánto me deben por lo que doy?», «¿Quién tiene el poder aquí?». Estas son algunas de las dudas que están en la base de todo lo que se activa cuando hablamos de dinero, en especial con nuestra pareja. Si alguna vez lo han intentado, sabrán a qué me refiero. Basta poner el tema sobre la mesa para ver cómo de inmediato se encienden las alarmas de ambos lados. Y es que, cuando hablamos de dinero, no solemos hacerlo desde la neutralidad, lo hacemos desde nuestras heridas asociadas con lo económico, desde nuestros traumas, nuestras creencias y, en última instancia, desde nuestra historia *emocional* con la abundancia.

Y ahí es donde muchas parejas se tropiezan: intentan dar soluciones prácticas y racionales a un asunto que, en esencia, es profundamente íntimo e, incluso, irracional. Por eso, **la mejor manera de llegar a acuerdos en la relación de pareja sobre el tema financiero no es con el Excel y la lista de gastos en mano, sino abriendo una conversación curiosa y honesta sobre cuál es la historia personal que cada uno carga con el dinero.** Porque, además de ser un recurso que ganamos y gastamos, el dinero es un espejo emocional que refleja nuestras heridas, nuestros deseos, nuestras ideas sobre lo justo, lo posible y lo valioso. Si lo miramos con atención, descubrimos que detrás de cada decisión financiera —desde una compra impulsiva hasta una preocupación por los ahorros— hay emociones profundas que hablan de quiénes somos y de cómo fuimos criados. Hablan, también, de nuestra relación con la abundancia y de cómo nos hemos sentido en términos de merecimiento a lo largo de la vida.

Sin importar si crecimos en un entorno de abundancia económica o no, todos, sin excepción, crecimos rodeados de creencias sobre el dinero. Algunas son tan comunes que ni siquiera nos damos cuenta de cuánto nos condicionan: «el dinero corrompe», «la gente rica es egoísta», «el dinero no crece en los árboles». Tal vez aprendimos a temerle al dinero, o a verlo como una forma de control, validación o poder. Tal vez lo asociamos con culpa o sacrificio.

Yo, por ejemplo, provengo de un pueblo de migrantes campesinos italianos que llegaron a Argentina huyendo del hambre, buscando sobrevivir con dignidad. Por esa razón, en mi comunidad el trabajo era un valor supremo: trabajar la tierra, criar gallinas, recoger la cosecha... aquello te daba un propósito de vida y determinaba, de algún modo, cuánto valías. En ese contexto, que una mujer no trabajara y se dedicara, por ejemplo, a cuidar a los niños, era motivo de juicio: «¡Mantenida!», le llamaban con desprecio. No importaba cuánto esfuerzo implicara criar hijos o sostener un hogar: si no generaba dinero, no valía. Pero esto es por completo diferente a lo que creen en Chiapas, México, por ejemplo, donde las tareas de cuidado también son consideradas trabajo y el valor de las mujeres no solo está asociado con los ingresos que generan, sino también con su aporte a la vida en común.

Las creencias asociadas al valor y al dinero de las personas de estas dos comunidades son muy distintas. Y así también puede que sean las que tenemos con nuestra pareja. Lo que aprendimos de nuestra familia de origen respecto al dinero impregna en silencio nuestras decisiones cotidianas y, por lo tanto, también las que tomamos en pareja. A veces no las vemos, pero están ahí.

Por eso, antes de hablar de repartición de gastos o administración de recursos, hablemos sobre nuestras concepciones del dinero: qué es para cada uno, qué consideran justo, qué los hace sentir en equilibrio, cuáles son sus miedos, heridas y valores asociados a este tema, etc. **Esta conversación se abre con el objetivo de comprender qué lugar ocupa el dinero en el vínculo afectivo y cómo pueden usarlo para nutrir la relación.** Es un acto profundamente amoroso; una oportunidad para conocer más al otro, sanar juntos las heridas del pasado, transformar creencias, así como empezar a construir una relación más generosa, consciente y abundante en todos los niveles.

El dinero nunca divide a la pareja: lo hace el miedo a hablar de él y el uso emocional que le damos.

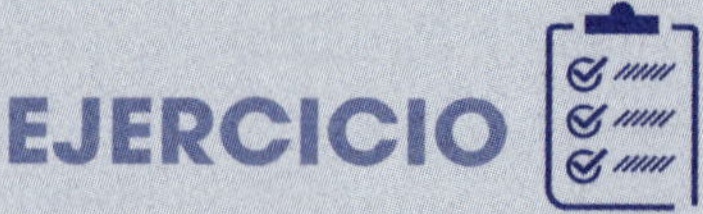

El lugar del dinero en nuestro mundo

Parte 1: Reflexión individual

Escribe en la siguiente hoja en blanco las respuestas a estas preguntas:

1. ¿Qué me enseñaron en mi familia sobre el dinero en la pareja? (¿Quién lo ganaba?, ¿quién lo administraba?, ¿qué pasaba si faltaba?).
2. ¿Qué siento cuando tengo que pedir dinero o cuando me lo ofrecen? (¿Me incomoda?, ¿me alivia?, ¿me da miedo?, ¿me hace sentir débil o poderoso?).
3. ¿Qué relación tengo con la palabra *mantener* o con la frase *sostener económicamente?* (¿Qué activa en mí?).
4. ¿Qué historia o creencia hay detrás de lo que considero justo al hablar de gastos?
5. ¿En qué prefiero gastar el dinero y por qué? Por ejemplo: «En viajes, porque viajar me da libertad y conocimiento, dos cosas que valoro mucho».

Parte 2: Compartir respuestas

Compartan por turnos lo que cada uno escribió y escuchen al otro sin opinar ni corregir. Cuando ambos finalicen, expresen en voz alta sus impresiones y reflexiones. Algunas frases que pueden ayudar son:

- «Algo que me sorprendió de escucharte fue...».
- «Algo que me ayudó a comprenderte fue...».
- «Algo que todavía me cuesta es...».

Gastamos desde la emoción

En nuestra cultura se dice a menudo que el dinero separa a las parejas, pero en realidad lo hace el silencio. Lo que las daña no es la moneda en sí misma, sino el uso emocional que hacemos de ella. ¿A qué me refiero con esto? A que nuestra manera de gastar e invertir es una expresión de nuestros valores, nuestras prioridades, los deseos que tenemos, las heridas, creencias y formas de vincularnos con el placer y la seguridad. En otras palabras, es una expresión de lo que da sentido a nuestra vida.

Hay quienes invierten en experiencias y otros en objetos de lujo. Hay quienes prefieren hacerlo en salud, educación y un seguro de vida, mientras que otros priorizan el estatus y un estado de vida elevado. Hay personas que gastan en conocimiento y cultura, otras en comodidad o belleza. Ninguna elección es casual ni es buena ni mala. Lo importante es cuestionarse por qué y para qué hacemos lo que hacemos y cuáles son los deseos o miedos detrás de cada elección. Porque hablar de gasto no es solo hablar de consumo, es hablar de placer, deseo y libertad.

Gastar dinero es un acto económico y emocional. Lo que compramos dice tanto de nosotros como lo que callamos.

Gastar en calidad de vida, por ejemplo, para alguien puede ser una manera profunda de decir: «Esto me conecta con mi merecimiento». Para otra persona, gastar en ropa bonita puede ser una forma de autocuidado. O bien, para alguien, invertir casi todo su dinero en un fondo que no verá hasta dentro de treinta años puede ser el resultado de un profundo miedo a la incertidumbre y a la miseria. Lo esencial es reconocer si nuestras elecciones financieras nos expanden o si, por el contrario, responden a una lógica de comparación, carencia, miedo o necesidad de validación externa.

Gastamos desde nuestras emociones, nuestra historia y nuestros mandatos internos. Desde el miedo a ser insuficientes, la necesidad de tapar vacíos, controlar lo que se nos escapa de las manos o calmar la angustia. Y muchas veces, cuando compramos, lo que se revela en realidad es lo que nos falta. Mi abuela tenía un dicho que solía repetir con picardía y que aplica perfectamente aquí: «El que muestra el dinero, muestra el culo». En el pueblo donde crecí, todo se sabía. Todos podíamos notar con facilidad si alguien compraba algo por necesidad, por placer o para aparentar. Esto es porque el dinero habla por nosotros, incluso cuando nos disgusta. Si observamos con atención la forma en que los demás gastan, podemos darnos cuenta del lugar desde el que se relacionan con el dinero: si es desde la carencia o la abundancia, desde el miedo o la libertad.

Las dinámicas ocultas del dinero

En los vínculos, el dinero no es solo un recurso económico, es un símbolo emocional y vincular cargado de significados invisibles: control, valor personal, validación, miedo, pertenencia. En última instancia, es un símbolo de poder porque:

- Puede otorgar o quitar libertad.
- Puede sostener jerarquías afectivas o reproducir desigualdades.
- Muchas veces, la persona que «mantiene» cree tener más derecho a decidir.
- Quien «no aporta económicamente» puede sentirse invisible, endeudado o infantilizado.
- El dinero se puede usar como forma de castigo, manipulación o silenciamiento.

Como terapeuta de parejas, puedo decir que si hay un aspecto que revela las dinámicas ocultas de poder dentro de una relación, ese es el dinero: quién lo administra, quién lo «gana», quién lo «merece»; si se usa para chantajear, premiar, castigar, compensar, callar; si se gestiona en conjunto o de forma individual, si se habla de él con libertad o con vergüenza, reclamo o culpa... Todo esto actúa como un espejo que muestra aquello que no se dice: quién tiene el control en la pareja, cuánto vale cada uno, quién manda, quién calla, quién puede decidir y quién no se atreve. Y si no se nombra, puede volverse un campo de batalla sutil, una herramienta de castigo o un refugio para no hablar de lo que duele en realidad. Por eso, es fundamental mirar más allá de la superficie y atreverse a ver las estructuras invisibles que el dinero sostiene, refuerza o fractura dentro del vínculo.

Estas dinámicas ocultas a veces se manifiestan de formas sutiles, por ejemplo: «No estuve contigo en tu cumpleaños, pero te traigo un diamante» o «Como yo te mantengo, yo decido cuándo y adónde vamos de vacaciones». El control no siempre es evidente desde fuera, pero habla de relaciones desbalanceadas en lo afectivo, lo simbólico y lo económico. A veces, sin que la pareja lo note, el dinero se convierte en una herramienta para castigar, chantajear, compensar o incluso silenciar. Otras, la dinámica se observa en cosas más evidentes. Recuerdo, por ejemplo, a una mujer que le dejó la escritura de un terreno a su marido a cambio de una semana en que él le practicara sexo oral. Así, tal cual. Y como ese, he visto muchísimos casos donde el dinero no solo paga las cuentas, también compra silencio, obediencia o una fidelidad vacía, sostenida tan solo por miedo o deuda emocional.

El dinero, en esencia, debería estar al servicio del vínculo y la libertad de ambas partes. Cuando se usa para tomar decisiones por el otro, para acotar sus opciones o anular su voz, se convierte en una herramienta de sometimiento. Y lo más complejo es que esto no es solo personal, es también cultural. Aún se repite —explícita o implícitamente— la idea de que amar es mantener al otro, aunque eso implique controlarlo. Pero el amar no se demuestra anulándolo, ni salvándolo, ni decidiendo por él. Darle a alguien sostén económico no debería ser dominarlo, y recibir ayuda económica no debería implicar obedecer. De manera similar, que una parte de la pareja aporte más dinero que la otra tampoco debería significar que el primero tiene mayor poder de decisión o que la relación sea injusta.

Mantener a alguien es muy distinto a *acompañarlo* económicamente. Lo primero está basado en la dependencia afectiva, mientras que lo segundo se basa en una manera adulta de amar. *Acompañar* significa decir: «Hoy yo puedo más que tú, y te acompaño sin anularte, sin querer salvarte o decidir por ti, tan solo desde el deseo de caminar juntos». Por eso, planteemos preguntas que muchas veces evitamos: «¿Qué me pasa cuando gano más dinero que mi pareja?, ¿cómo me siento cuando dependo económicamente del otro?, ¿puedo hablar sin miedo, sin culpa, sin manipulación?». Cuando la conversación sobre este tema se evade, corremos el riesgo de que el dinero se transforme en un campo de batalla silencioso, un territorio donde se esconden castigos, reclamos y desigualdades. Puede volverse una forma de imposición de jerarquías afectivas: quien aporta más cree tener más derecho a decidir; quien no aporta económicamente puede sentirse endeudado, invisible o infantilizado. Y todo esto puede coexistir, de manera paradójica, con el amar. **Una pareja puede amarse mucho y, al mismo tiempo, sostener dinámicas de poder ocultas y profundamente dañinas para la relación, tales como la sumisión, el control y la infantilización.**

El dinero deja de ser algo que nos separa cuando perdemos el miedo a hablar de él. Ya no se trata de quién paga qué, sino de cómo lo usamos para construir y nutrir el vínculo en libertad. Cuando no hay acuerdos conscientes sobre el dinero, este se transforma muy fácil en un punto de dolor o un arma de control dentro de la pareja. Por eso, es importante llegar a acuerdos claros sobre este tema, para que deje de ser algo que separa a la pareja y se convierta en un puente que la una. El ejercicio que propongo a continuación puede ayudar en ese camino. Su objetivo no es buscar culpables, sino descubrir qué tensiones y dinámicas ocultas existen alrededor del dinero en tu relación y cómo pueden transformarlas para construir un vínculo más equitativo y consciente.

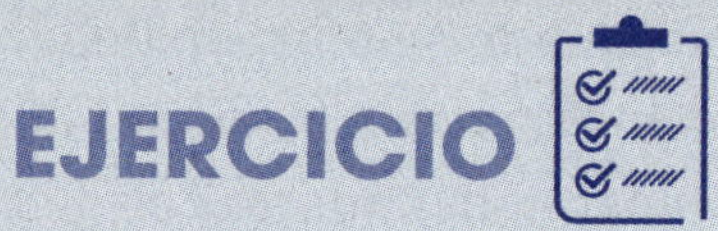

¿Quién tiene el poder aquí?

Parte 1: Reflexión individual

Reflexionen sobre las siguientes preguntas y anoten sus respuestas:

1. En nuestra relación, ¿quién toma las decisiones importantes sobre el dinero?
2. ¿Alguna vez he usado el dinero para tener más control sobre el otro? (Por ejemplo: condicionar, presionar, decidir unilateralmente).
3. ¿Alguna vez me he sentido menos valioso o valiosa por no aportar lo mismo que mi pareja?
4. ¿Siento que tengo libertad para gastar sin pedir «permiso» o justificarme?
5. ¿Qué me pasaría si hoy dejara de aportar lo que aporto? ¿Sentiría culpa? ¿Superioridad? ¿Inseguridad?

Parte 2: Compartir

Compartan una o dos de las respuestas que les resultaron más reveladoras y después de escucharse, respondan por turnos:

1. «Cuando te escuché, me di cuenta de que...».
2. «Algo que antes no había pensado y que ahora veo es...».

Parte 3: Reflexión conjunta

Con total honestidad, reflexionen en conjunto sobre estas preguntas:

1. ¿Qué sentimos cuando hablamos de dinero entre nosotros (tensión, libertad, evasión, culpa, vergüenza, juicio o manipulación)?
2. ¿Hay algo en la forma en que usamos o hablamos del dinero que reproduce una dinámica de poder?
3. ¿Estamos usando el dinero para cuidar el vínculo o para sostener un rol o personaje?
4. ¿Sentimos que el dinero está al servicio del vínculo o que el vínculo gira en torno al dinero?

Opcional: Cierre simbólico

Completen individualmente y compartan la siguiente frase: «Hoy reconozco que, en nuestro vínculo, el dinero representa para mí ____________________, y deseo transformarlo en ______________________».

Acordar la división de los gastos: un reflejo de compromiso

Una vez que identificamos la historia emocional que tenemos con el dinero y su relación con las decisiones que tomamos, estamos preparados para abrir la conversación sobre la repartición de gastos, un tema que a menudo genera conflicto entre las parejas, de nuevo, porque no se hacen acuerdos explícitos al respecto. Más allá de encontrar un método práctico para dividir los gastos, lo que en verdad importa es poder conversar y llegar a acuerdos explícitos, conscientes y sostenibles que se sientan justos para ambas partes.

La lógica más básica dictaría que hay que dividir los gastos por la mitad, y esto funciona sin mayor dificultad si los gastos de ambos fueran similares, pero si no, insistir en el 50/50 puede generar tensiones silenciosas. En esos casos, encuentro útil pensar en porcentajes, en lugar de montos absolutos. Es decir, que cada uno ponga, por ejemplo, el 20% de su salario para x rubro. Esto permite que ambos colaboren de manera equitativa o con lo que a mí me gusta llamar *justeza*, esto es, una sensación de equilibrio que no siempre responde a la lógica matemática, pero sí a la emocional.

Equidad no es dar lo mismo, es que lo que demos tenga el mismo peso emocional para los dos.

En situaciones en las que una persona sostiene económicamente a la otra en su totalidad, por ejemplo, una de las partes podría aportar el dinero, mientras que la otra, más cuidado o atención a la casa. Si hay acuerdos explícitos y reconocimiento mutuo, no debería haber problemas. El conflicto aparece cuando el aporte económico se convierte en una forma de control, de reclamo o de superioridad (ya lo veíamos en el apartado anterior: no es lo mismo *sostener* que *someter*). Y, en muchas ocasiones, el trabajo doméstico o de cuidados no es valorado como merecedor de un ingreso, lo cual desbalancea el vínculo. En este caso, además, existen múltiples formas de redistribuir los recursos para mantener el respeto y la autonomía de ambas partes: asignarle a la persona que no aporta económicamente un ingreso mensual, establecer una tarjeta con límite o pactar un salario para que pueda sentir que tiene libertad y no tiene que justificar cada gasto.

Además de la diferencia en los ingresos, otro punto que suele generar fricción tiene que ver con las diferencias en los estilos financieros y el patrimonio que cada uno tiene. En cuanto a lo primero, hay quienes son más relajados con el dinero, y hay quienes buscan economizar en todo. Esta diferencia no implica que la relación no funcione, pero sí invita a nombrar los límites de cada quien con claridad. Por ejemplo, si uno prefiere vivir en una zona más cara por ubicación o estilo de vida, y el otro no está dispuesto a destinar tanto a la renta, una solución posible es que quien quiere vivir en la zona cara se ofrezca a pagar el monto extra que supone hacerlo. O si hay uno que prefiere ir a cenar a restaurantes de lujo, mientras que el otro está bien con cenar en casa cada día, el que quiere salir puede invitar al que no de vez en cuando y dejar los restaurantes para cuando sale con amigos. Lo importante es nombrar nuestros deseos y nuestras elecciones sin dar por hecho que, solo por serlo, el otro tiene que satisfacernos, y encontrar las maneras de llegar a acuerdos flexibles para los dos.

En cuanto al tema del patrimonio, es usual ver parejas donde uno de los dos ya lo tenía, sea heredado o construido por él, y el otro no. En estos casos, es importante tener en cuenta que, si el patrimonio es anterior a la relación, corresponde a quien lo tiene decidir qué hacer con él. Claro que puede compartirse —a veces, de hecho, mientras más nutritiva es la relación, más ganas hay de compartirlo con el otro—, pero nunca como una obligación ni una exigencia. Eso también se conversa, se acuerda y se agradece.

El dinero puede dividirse de muchas formas; lo importante es que ninguna reste libertad ni dignidad, y que cada decisión económica fortalezca el vínculo que se desea construir, en lugar de fracturarlo. Lo esencial en todos los casos es que las dinámicas estén habladas, que no se asuman como obligaciones tácitas ni se impongan desde el sacrificio o la culpa. Mientras ambas personas sientan que tienen acceso, voz y posibilidad de decisión sobre los recursos que hacen posible la vida compartida, este tema fluirá. Por eso digo que la organización financiera y la repartición de los gastos consciente y consensuada es una manera de demostrar lo muy comprometidos que estamos con nuestra pareja.

Ahora bien, ¿debemos repartir los gastos en cada ocasión? No. También es posible que, tras conversar y reflexionar, como pareja se llegue a la conclusión de que no les interesa hacerlo en ese momento. La pregunta que te sugiero que se hagan mutuamente en ese caso es esta:

«¿Queremos repartir los gastos por deber, miedo o mandato, o porque hacerlo sostiene el vínculo, la dignidad y la libertad?».

La pregunta es legítima y debe poder hacerse sin culpa. Dejar de preguntar por miedo a incomodar es reproducir una relación infantil con el dinero. Preguntar, en cambio, es definir qué es justo, posible y deseado para cada uno.

A continuación, te comparto una tabla con ideas para repartir los gastos. No son fórmulas ni modelos cerrados, tómalos como inspiración para elegir lo que se ajusta a tu momento vital, tus valores y la manera de amarse con tu pareja.

GUÍA DE MODELOS DE REPARTO ECONÓMICO

MODELO DE REPARTO	¿CÓMO FUNCIONA?	¿CUÁNDO ES ACONSEJABLE APLICARLO?
Igualitario (50/50)	Cada uno aporta la misma cantidad o paga la mitad de todo.	Cuando ambos tienen ingresos similares y valoran la simetría.

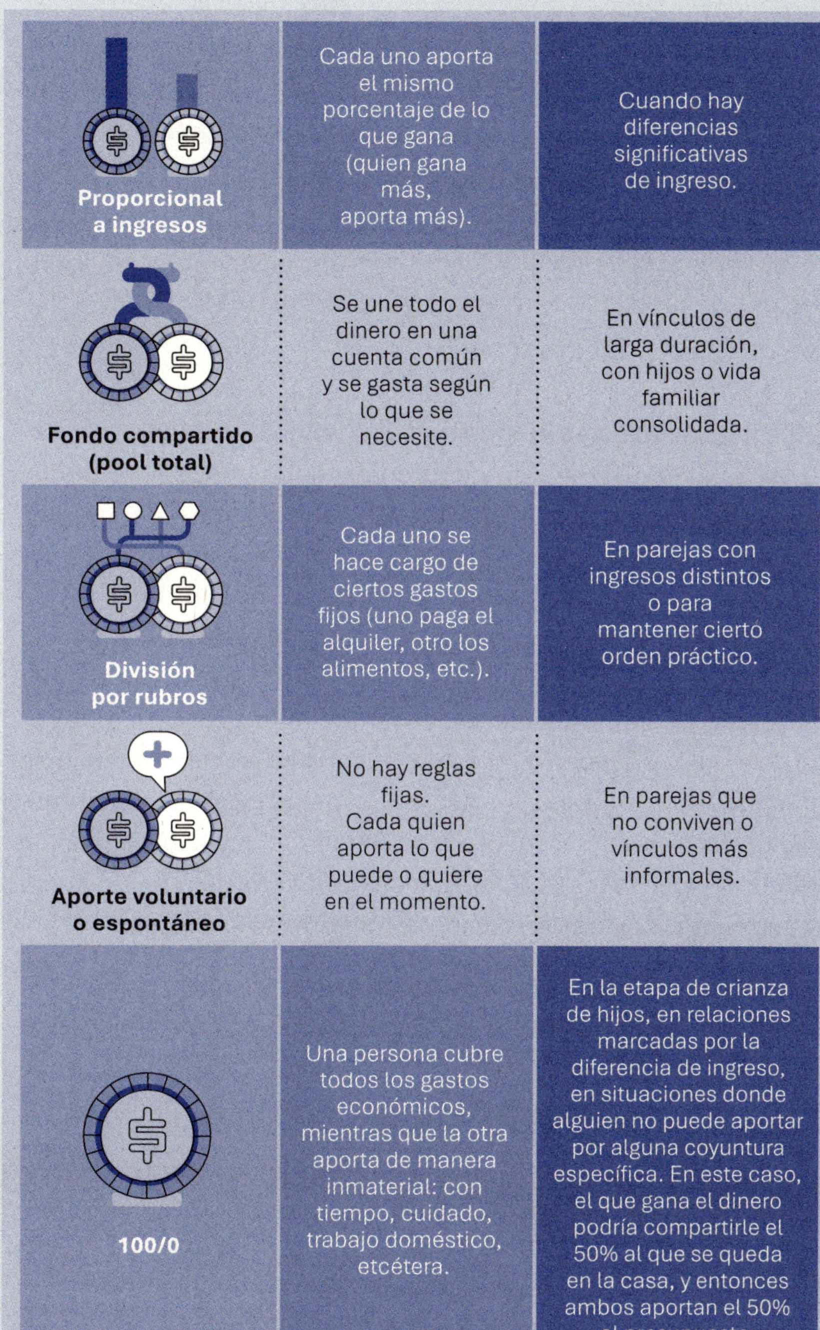

Proporcional a ingresos	Cada uno aporta el mismo porcentaje de lo que gana (quien gana más, aporta más).	Cuando hay diferencias significativas de ingreso.
Fondo compartido (pool total)	Se une todo el dinero en una cuenta común y se gasta según lo que se necesite.	En vínculos de larga duración, con hijos o vida familiar consolidada.
División por rubros	Cada uno se hace cargo de ciertos gastos fijos (uno paga el alquiler, otro los alimentos, etc.).	En parejas con ingresos distintos o para mantener cierto orden práctico.
Aporte voluntario o espontáneo	No hay reglas fijas. Cada quien aporta lo que puede o quiere en el momento.	En parejas que no conviven o vínculos más informales.
100/0	Una persona cubre todos los gastos económicos, mientras que la otra aporta de manera inmaterial: con tiempo, cuidado, trabajo doméstico, etcétera.	En la etapa de crianza de hijos, en relaciones marcadas por la diferencia de ingreso, en situaciones donde alguien no puede aportar por alguna coyuntura específica. En este caso, el que gana el dinero podría compartirle el 50% al que se queda en la casa, y entonces ambos aportan el 50% al presupuesto.

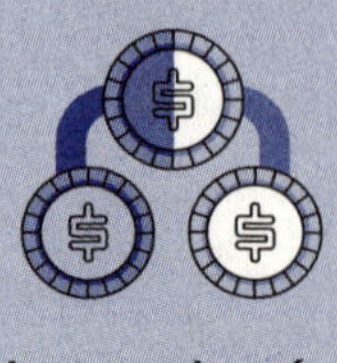 **Lo tuyo, lo mío y lo nuestro**	Se establece un presupuesto donde se incluyen únicamente los gastos comunes y cada uno fija un porcentaje que aporta a una cuenta conjunta.	En cualquier etapa o vínculo donde hay gastos comunes. Es una mezcla de estilos de repartición de gastos donde cada uno conserva su independencia económica y, al mismo tiempo, colabora con el otro.

Más allá de cuál sea el modelo económico que adopten, lo saludable es que exista un acuerdo explícito, y que este pueda revisarse con el tiempo, cuando empiece a incomodar, o si las condiciones cambian: el trabajo, la ciudad, los ingresos, las prioridades. La conversación sobre el tema económico en la pareja es una de las más delicadas, y por lo mismo, constituye una de las mayores oportunidades para crecer en respeto, corresponsabilidad y compromiso. Pueden mantenerla viva, periódica y libre de culpa. Así podrán llegar a puntos de encuentro, incluso cuando hay contrastes fuertes en cuanto al ingreso, el patrimonio o las preferencias en el gasto. Recuerda que el problema no es cómo repartimos el dinero, sino qué historia de valores, poder y pertenencia estamos repitiendo mientras lo hacemos.

Repartir los gastos es construir juntos un pacto de equidad, reconocimiento y libertad.

Para terminar este capítulo, te dejo un ejercicio que puede ser de ayuda para lograr acuerdos con respecto a este tema. Recomiendo que lo hagas una vez que hayas realizado los anteriores ejercicios del capítulo y que te mantengas receptivo, curioso y sin juicios mientras escuchas al otro.

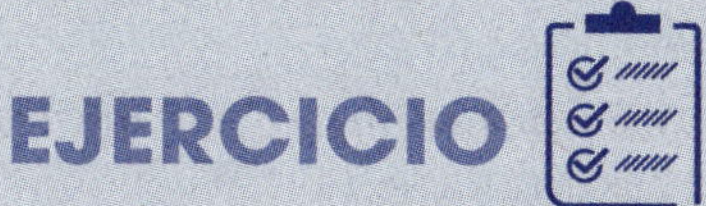

Llegar a acuerdos financieros en pareja

Parte 1: Reflexión

Conversen alrededor de estas preguntas:

1. ¿Hay algún desequilibrio económico en nuestra relación que todavía no hemos mencionado?
2. ¿De qué formas podríamos generar más equidad, más libertad o más visibilidad para ambos?
3. ¿Queremos repartir los gastos?

   a) Si la respuesta es sí, ¿de qué forma? (Pueden revisar la guía de modelos de reparto económico en la página 148).

   b) Si la respuesta es no, ¿desde dónde se sostiene esa decisión? ¿Hay claridad y reconocimiento mutuo?

- ¿Este modelo refleja lo que valoramos como pareja?
- ¿Ambos nos sentimos vistos, reconocidos y libres dentro de esta forma?
- ¿Cuál es el riesgo emocional que tememos si cambiamos la forma en que lo hacemos ahora?
- ¿Hay espacio para revisar el acuerdo si nuestras circunstancias cambian?

Parte 2: Cierre simbólico

Completen individualmente las siguientes frases y compártanlas en voz alta:

- «Hoy me doy cuenta de que el dinero en nuestra relación representa para mí...».
- «Y deseo que el acuerdo que construyamos a partir de ahora se base en...» (puede ser: confianza, presencia, libertad, cuidado mutuo, etc.).

NOTA FINAL

UN PROFUNDO REGALO DE AMOR

Existen tantos modelos de relación como parejas hay en el mundo. Cada pareja es única y no hay una fórmula que pueda ajustarse a todos por igual y nadie —ni la sociedad, ni un terapeuta, ni yo, ni este libro— puede decirte qué es lo mejor para tu vínculo en un momento determinado. Solo tú y tu compañera o compañero pueden encontrar lo que les conviene, aprendiendo a conversar mejor y a llegar a acuerdos a su medida. Esa es la habilidad más útil que pueden cultivar como pareja y es lo que espero haber podido sembrar en ti con este texto. Confío en que te sirva como brújula para emprender tu propio camino y te dé los recursos para realmente abrir diálogos con tu pareja sobre cómo eligen amarse y compartir la vida.

Aunque nos hayamos concentrado en las áreas del tipo de vínculo, la comunicación, la sexualidad, la familia y el dinero, en realidad el mensaje es el mismo y puedes llevarlo a cualquier área de tu relación. Toma lo que te sirva y suelta lo que te pese (esto aplica tanto para las reflexiones de estas páginas como para tu relación de pareja). Hablen, practiquen, revisen, conviertan la libertad, el autocuidado, el buen trato y el respeto por la diferencia en valores principales de su relación. A veces los acuerdos se cumplen, otras se revisan, y unas más se sueltan con respeto, cuando sostenerlos implica perdernos a nosotros mismos. Más allá de lo que ocurra con él, un acuerdo es un profundo regalo de amor; es la evidencia de que aceptamos al otro tal como es en este momento de su proceso y de que el otro nos acepta tal como somos en este momento del nuestro.

El modelo correcto o ideal de relación de pareja es una ilusión; lo que sí existe es una forma honesta de construir un vínculo a nuestra medida, en nuestros términos, con nuestras elecciones, deseos y cambios internos. Por eso, insisto en que amar es un verbo; es un proceso constante que se alimenta día a día, se ajusta, se revisa y, si hace falta, se reinventa. **Todos los días pegamos un «tabique de amor» para construir la relación de pareja amoroso-erótica.**

Así es que, en lugar de desearte la estabilidad y la longevidad en el vínculo a toda costa, yo te deseo que aprendas a atravesar los conflictos sin romperte. Que decidas abrir conversaciones honestas (y a veces incómodas) que te lleven a profundizar en tu relación, a encontrarte con tu compañero o compañera y a cuidarse en medio de las diferencias; que se sigan eligiendo con intención. Porque el buen vínculo no se hereda ni se copia, se construye en y con el tiempo y, sobre todo, se elige amando con conciencia y libertad.

SÍ SE PUEDE Y ES HERMOSO.

Con cariño,

NILDA

AGRADECIMIENTOS

Mil gracias a la maravillosa comunidad de personas en transformación que eligen cultivar su vida sin violencia y con el autocuidado como forma de vida; que eligen compartirse desde la reflexión y el amar como presente continuo, adoptando el buen trato como manera de relacionarnos y el autocuidado como forma de vida, entre todos, un mundo mejor.

Agradezco también a todos los maestros que, desde distintos puntos de vista, me inspiran a seguir reflexionando y elegir compartirme con esta comunidad.